"表达驱动"教学理论的
读写教学实践分析

荀文娟　著

中国发展出版社
CHINA DEVELOPMENT PRESS

图书在版编目（CIP）数据

"表达驱动"教学理论的读写教学实践分析 / 荀文娟著 . -- 北京：中国发展出版社，2025.7（2025.9重印）.
ISBN 978-7-5177-1493-4

Ⅰ . H195. 3

中国国家版本馆 CIP 数据核字第 20257GP250 号

书　　　名："表达驱动"教学理论的读写教学实践分析
著作责任者：荀文娟
责 任 编 辑：陈俞蒨
出 版 发 行：中国发展出版社
联 系 地 址：北京经济技术开发区荣华中路 22 号亦城财富中心 1 号楼 8 层（100176）
标 准 书 号：ISBN 978-7-5177-1493-4
经 销 者：各地新华书店
印 刷 者：北京富资园科技发展有限公司
开　　　本：710mm×1000mm　　1/16
印　　　张：14
字　　　数：192 千字
版　　　次：2025 年 7 月第 1 版
印　　　次：2025 年 9 月第 2 次印刷
定　　　价：59.00 元

联 系 电 话：（010）68990625　68990692
购 书 热 线：（010）68990682　68990686
网 络 订 购：http://zgfzcbs.tmall.com
网 购 电 话：（010）68990639　88333349
本 社 网 址：http://www.develpress.com
电 子 邮 件：343181751@qq.com

前　言

　　"表达驱动"教学理论,是天津师范大学钟英华教授结合学校近四十年"突出实践性教学"理念提出的,旨在解决我国国际中文教学中存在的"学用分离"的问题。如何更好地将其运用于读写教学实践,提高教学效率,是本书重点关注的问题。

　　本书旨在探索理论与实践的结合,运用行动研究方法,在两个学期的教学实践中,探讨"表达驱动"教学理论的实施路径,获得质性研究数据(学习者习作及反馈、同行评价、教学反思)和量性数据(改进型弗兰德斯互动分析、中文水平考试五级测试对比),开展理论应用的实践分析。在理论与实践中,对行动过程进行分析、梳理和总结,形成阶段性成果。

　　一是提出了"表达驱动"教学理论应用于国际中文读写教学的五个关注点,即真实表达、地道表达、互动表达、完善表达和自动表达。关注学习者的真实表达需求、表达内容和表达动机;关注学习者语言表达在真实情境中的准确性和妥帖性,以及以地道表达为目的的"预制语块"的运用;关注学习者在互动表达过程中的语言协商与注意力引导;关注完善表达过程、表达框架的扩展性构建;关注自动表达过程的时间控制和任务重复。

　　二是为促进"表达驱动"教学理论的实践应用,探索"七步"教学实践模式。"七步"教学实践模式分为表达需求、阅读输入、沉浸体验、互动协商、体演调节、表达输出、表达评价等七个教学环节,环环相扣,为"表达驱动"教学理论实践应用寻求必要依据。

　　三是基于"七步"教学实践模式，设计了"三环七步"教学框架，体现驱动性、整体性、开放性、体验性和反馈性。经过教学实践得出，"表达驱动"教学理论应用于教学，可体现出学习过程的驱动性和连续性，使学习者实现自动表达。教学设计要突出系统性和整体性，通盘考虑各环节阅读与写作的任务安排，以及输出的可视化。各板块设计过程中，要留有开放的语言空间，以促进学习者语言与思维的深度发展。在设计过程中创设更多参与体验的机会，实现"做中学"。教学反馈贯穿于教学全过程，使课堂突出互动性，体现"评中学"。

　　四是探索指向读写学习进阶的"三动"课堂（驱动—互动—自动）样态，并将其运用于单元教学，形成纵横交互的"三动"样态。

目　录

第一章
绪　论

一、研究的缘起

（一）国际中文读写教学

国际中文读写教学在很多学校不尽如人意。一般来说，听说教学会得到比较普遍的重视，这反映了初学者的需求重点。读写需求常常是随着学习者中文能力的提升而来。在教学中，如何提高读写教学水平是亟待关注的问题。读写教学的薄弱表现在以下几个方面。

一是第二语言学习者，特别是初学者，普遍存在重听说、轻读写的情况，对读写存在畏难情绪。受语言学习特点的影响，他们在"读写"上往往比较懈怠，忽视"读写"技能训练。

二是阅读与写作教学存在授课方式单一、授课资源不丰富等问题。课堂内容偏重于单纯的词汇和语法讲解，导致学习者阅读不充分，阅读能力提升不明显。阅读的弱化，直接影响了学习者的文字表达。缺乏必要的读，所以写作能力弱。写作教学中，老师教得多、学习者练习少，从而影响教学效果。

三是在教学过程中，学习者的"阅读"与"写作"活动往往是各自孤立、互不关联的。学习者难以将在阅读课中获得的语言知识与相应的写作练习紧密结合起来，这导致读与写的分离。学习者无法将所学知识进行转变、建构、吸收和加工，无法将读直接作用于写，以形成自己的读写关联。这种教学模式导致阅读能力和写作能力的分离式发展。目前对于阅读与写作整合的教学方法，实证性研究相对不足。如何有效地结合阅读与写作，以及如何平衡两者的关联性教学实践，值得深入探讨。

出现以上问题的原因，主要是教学实践与理论联系不够紧密。作为教学过程的设计者和实施者，教师应依据教学理论，推动课堂教学的变革。受传统课堂影响，教师往往无法明确教学目标和课程特点，没有针对学习者的学习需求进行有效的教学设计，使得阅读课程教学出现"学用分离"的状况。

具体表现在以下几个方面。

第一，学习与应用脱节。受精讲教学影响，教师作为课堂的掌控者，会进行全过程的高强度教学，将字词理解和文章结构分析、阅读理解和技巧等作为主要教学内容，把"教课文""教写作"作为主要课堂任务。他们对学习者的接受程度缺乏关注，轻视了学习输出，造成学习者为了完成任务而进行阅读和写作，使学习与应用脱节。

第二，对于新的、先进的语言教育教学理论，教师无法精准地将其应用在教学中。近年来，我国学者将国外的语言教育教学理论不断引入国内，语言教学的视野更加开阔。一线教师也深入其中积极开展实践，但存在理解偏倚、落实不准的现象。比如，倡导以学习者为中心，教师倾向于在读写的课堂中更加尊重学习者的个性化表现，这使得学习过程没有目标，建构缺乏"支架"。虽然学习者在这一过程中进行了充分的体验和学习，但教师并没有在其中发挥有力的引导作用，因此，学习者在学习过程中没能深度挖掘语言潜能。

第三，已有的第二语言教学理论和教学实践本土化程度不够。这一问题亟待解决和突破，具体表现为：虽然我们可以查阅到很多国外理论，但是在我国国情下真正能用的并不多，理论不能真正转化为实际的教学流程和设计；实践的研究不够细化和系统，缺乏创新意识，能通过实践形成理论成果的少，实证研究有待进一步丰富。这些都是读写教学质量不高的原因。

由此可见，要解决"读写分离""学用分离"等问题，我们要从语言习得机制的底层逻辑出发，结合我国本土化读写教学的现状，以《国际中文教育中文水平等级标准》为纲，借鉴先进的语言教育教学成果，探索具有中国特色的国际中文教学理论，并将理论转化为实践。

（二）国际中文教育"表达驱动"教学理论

"表达驱动"教学理论由天津师范大学的钟英华教授在 2022 年举办的"中美高校教师汉语文化研究与教学论坛"上首次提出。这一理论诞生于后方法时代，旨在为国际中文教学理论与实践提供创新性的理论支撑和解决方案。

它结合了中华文化中的辩证逻辑，突破了第二语言教学中常见的认知派与社会派的二元对立，旨在在国际中文教育中实现二元观点的有机融合和统一，从而提高教学效率。

"表达驱动"教学理论剖析了语言习得的原理，充分考虑第二语言学习者的具体需求。该理论将学习者的实际表达需求置于核心位置，通过有针对性、真实性的语言输入促进有效的语言输出，将相对独立的"听与说""读与写"系统规律运用于表达驱动输入的针对性上，让得体、准确的表达与表达愿望相契合，目的是增强教学效果和优化学习成果。它提倡基于"富有内容的言语活动"，探求"从言语实践到语言理论再回到言语实践"的循环教学模式。"表达驱动"教学理论强调系统化的教学规划，以表达内容为纲，逆向有针对性地设计选择语言输入，促进有目的的输出性表达，通过角色扮演和充分互动，让学习者能在真实场景中进行语言输出，以此提高语言表达技能。学习者在语言习得过程中，是表达者、参与者，是表达实践中的"话中人"和"文中人"。其核心目标是培养学习者的交际能力，满足社会发展对高质量人才的需求。它强调从学习者的实际需求出发，促进有效语言输出，重视教学过程中输入与输出的关联性，并强调精准输入的重要性，以此作为精彩表达的基础。成功的语言表达依赖于输入与输出之间的直接性和相互联系，有目的和有选择的输入是语言输出的关键。在教学实践中，为学习者创造真实的语言环境，构建目标语言的实际使用场景，对营造一个符合表达需求的教学氛围至关重要。因此，教学中应提供可靠的输入，使学习者能够有效表达，这是教学有成效的关键所在。

随着"表达驱动"教学理论的发展，其研究成果不断增多，在学术界为更多人所熟知，许多专家学者和一线教师开始关注这一理论。然而，这一教学理论究竟如何落地实施？既需要长期的实践和研究积累，也亟待进一步构建教学理论体系。虽然关于该理论的电子教材正在开发中，但关于这方面的应用研究还不够。目前已发表的几篇论文只是停留在理论的基础性构建阶段，并没有形成反映该理论全貌的研究成果。

面对读写教学的困境，我们基于"表达驱动"教学理论，将阅读与写作相结合并开设读写课程，实现"输入"与"输出"的紧密衔接。这使学习者以表达为契机进行输入与输出，驱动学习者内在学习动力，让语言学习成为自主学习的显性表现。

二、研究的目的、意义

"表达驱动"教学理论是在后方法时代针对语言学习者"学用分离"的问题，为国际中文教学提供实践指导的理论工具。这一研究理论如何在实践中落地转化，是亟待解决的问题。那么，如何在教学实践中将这一理论转化为国际中文读写教学中具体可操作的教学流程？将该理论运用于国际中文读写教学的实践，其读写教学效果如何，这是本书要努力找寻的答案。

（一）目的

本书将"表达驱动"教学理论应用于国际中文读写课的教学中，聚焦如何在实践中实施"表达驱动"教学理论的核心问题。我们在教学实践研究中开展了一系列具体行动。在这一过程中，我们不断优化教学设计，观察实验效果，进行成果转化。一是研究如何将"表达驱动"教学理论应用于国际中文读写教学，形成可以实施的教学设计框架，使理论具备落地能力。二是对"表达驱动"教学理论应用于国际中文读写的教学效果进行检验。三是通过研究不断优化教学设计的流程，提出优化原则和策略。

（二）意义

本书的意义主要在于从实践和理论两个层面对"表达驱动"教学理论进行阐释。在理论上，"表达驱动"教学理论是在后方法时代形成的一种自下而上的符合教师发展的适应新型教学课堂的教学理论。本书在读写课堂教学实践中探索教学设计框架，在理论转化为实践的过程中形成可供参考的路径，让读写教学的理论与实践相结合。在实践中，本书在国际中文本土教学领域中，运用本土的第二语言教学理论，解决长期以来国际中文读写教学中"学用分离"的教学问题，同时，基于"表达驱动"教学理论可能遇到的困难，提出将该理论应用于国际中文读写教学中的设计框架，不断改进教学实践。

三、研究的框架、方法

（一）框架

本书共分七章。第一章为绪论，对本研究的缘起、目的和意义、框架和方法、创新之处等概括性地介绍。第二章是本研究的文献综述，讲述外语/第二语言教学理论与方法，回溯发展历史，梳理发展脉络，总结三次转型构建、三对教学关键概念。此外，第二章对国际中文第二语言教学理论与方法的发展过程、发展特点进行梳理，同时进行反思和展望；接着对"表达驱动"教学理论的提出背景、学理思考、理论内涵进行梳理，与以语言学习成果作为重要显性特征和隐性特征的教学法进行对比分析，对理论的实践研究进行总结归纳；通过对读写教学研究现状进行分析，提出"表达驱动"教学理论应用于读写教学研究的空缺问题，以及本研究的预期成果。第三章为研究设计，首先根据已有研究，基于"表达驱动"教学理论，尝试构建"三环七步"教学设计框架，介绍采用"行动研究"的缘由以及实施方法，并阐述运用改进型弗兰德斯互动分析系统和对比实验收集数据的方法和流程。第四、五章为本研究的核心内容，从教师视角进行两个阶段的具体教学行动，详细记述了行动效果、反思和启示。第六章为本研究的发现，提出"表达驱动"教学理论应用于国际中文读写教学的关注点，阐释了"七步"教学模式的环节设置，对"三环七步"读写教学设计框架提出改进；提出指向读写学习进阶的"三动"课堂样态，丰富了这一理论体系的构建；最后对"表达驱动"教学理论应用于实践的教学效果进行总结。第七章是研究结论与启示，提出本研究的贡献、研究局限以及对未来研究的展望等。

（二）方法

1. 行动研究法

本研究以行动研究为主要研究方法，对如何将"表达驱动"教学理论运用于国际中文读写教学开展研究。假设这一教学理论有利于提升教学效果，本研究在教学探索和教学优化的动态过程中广泛收集数据，进行课堂观察，分析教学效果。运用行动研究的教学研究方式，能够让"表达驱动"教学理论在实践中多次应用，在做好教学实践的同时，满足教学实际研究需求，实现教学理论的落地与发展。本研究开展了两轮行动研究：在第一轮研究时，发现"三环七步"教学设计在教学实践中存在不够科学化、精细化、系统化等问题；在此基础上，开展第二轮行动研究，对所发现的问题一一回应。同时，我们也对"表达驱动"教学理论进一步应用于国际中文读写教学实践提出教学建议。

2. 课堂观察法

在数据收集过程中，我们主要采用课堂观察法和对比实验法。行动研究的第一阶段运用改进型弗兰德斯互动分析系统进行课堂观察。观察人员包括研究者和其他观察员。观摩内容涵盖教师教学方法、学生参与程度、教学氛围营造等多个方面，并通过改进型弗兰德斯互动分析系统分析教学过程。通过教师语言、学生语言、沉默、技术等几个观摩维度，量化国际中文读写教学过程。将"表达驱动"教学读写课与传统读写课平行班进行对比，发现教学互动过程中存在的共性与差异，了解学生的学习情况和教师教学策略。

3. 对比实验法

在第二轮行动研究中，我们使用中文水平考试四级和中文水平考试五级试题，对实验班级（"表达驱动"教学模式）与对照班级（传统授课模式）进行学习者阅读和写作的语言技能水平的测评。接着进行一个学期的对比教学实验，在学期中和学期末利用中文水平考试五级试题分别对两组学习者进行测评，同时，注重平时的过程性评价，检验教学的变化情况。教学实验与严格意义上的物理、化学和心理学实验不同，通过这种方法可以检验"表达驱动"教学理论在国际中文读写教学中应用的成效是否显著。

四、研究的创新之处

本研究从解决国际中文读写教学"学用分离"的问题出发，以"表达驱动"教学理论为指引，运用"定向型行动研究"方法，将"表达驱动"教学理论具体化为教学实践，并在国际中文读写课程中进行应用分析。通过实践研究，我们提出了"三环七步"教学设计框架，用于检验"表达驱动"教学理论的有效性。以下是具体设计思路。

一是着力解决国际中文读写教学"学用分离"的问题。本研究以此问题为研究起点，运用后方法时代的国际中文教学理论——"表达驱动"教学理论进行读写教学的实践探索，提出"七步"教学模式[1]，构建"三环七步"教学设计框架[2]。其中，七步是指表达需求（情境的创设）、阅读输入、沉浸体验、互动协商、体演调节、表达输出、表达评价。三环是指确定预期表达的结果、确定合适的表达评估证据、设计学习体验和教学。在研究中，重点进行单元教学设计和课堂实践，提出"表达驱动"教学理论读写教学的关注点。

二是建立教学理论与教学实践之间的联系。本研究充分运用"表达驱动"教学理论中"学用一体""学做合一"的教学理念进行实践，在发现问题和

---

① 高航、荀文娟、钟英华：《"表达驱动"教学理论赋能国际中文读写教材编写实践》，《华文教学与研究》，2024 年第 4 期。

② 格兰特·威金斯、杰伊·麦克泰格：《追求理解的教学设计》（第二版），华东师范大学出版社，2017 年，第 99 至 103 页。

改进教学的过程中，明确了"七步"教学模式的理论内涵；在课堂观察的分析中，与已有心理学理论建立联系，提出了"表达驱动"教学理论的"三动"（驱动—互动—自动）课堂样态；借助质性分析和量性数据，验证了"表达驱动"教学理论在国际中文读写教学中的适用性和有效性，缩短了理论转化为实践应用的时间，提升了教学效果。

三是采取"主动式"行动研究方法，拓宽了教学理论向实践转化的研究视野。本研究的两轮实践探索，通过理论验证、观察及数据收集，采纳新的方法、观点进行实践和效果评估，实现了"表达驱动"教学理论的实际应用，丰富了行动研究的途径。研究过程中结合准实验设计和改进型弗兰德斯互动分析模型进行量化分析，并通过混合研究方法收集数据，增加了研究的深度和广度，为行动研究的方法论提供了新的视角。

本书的研究技术路线见图 1.1。

"表达驱动"教学理论的读写教学实践分析

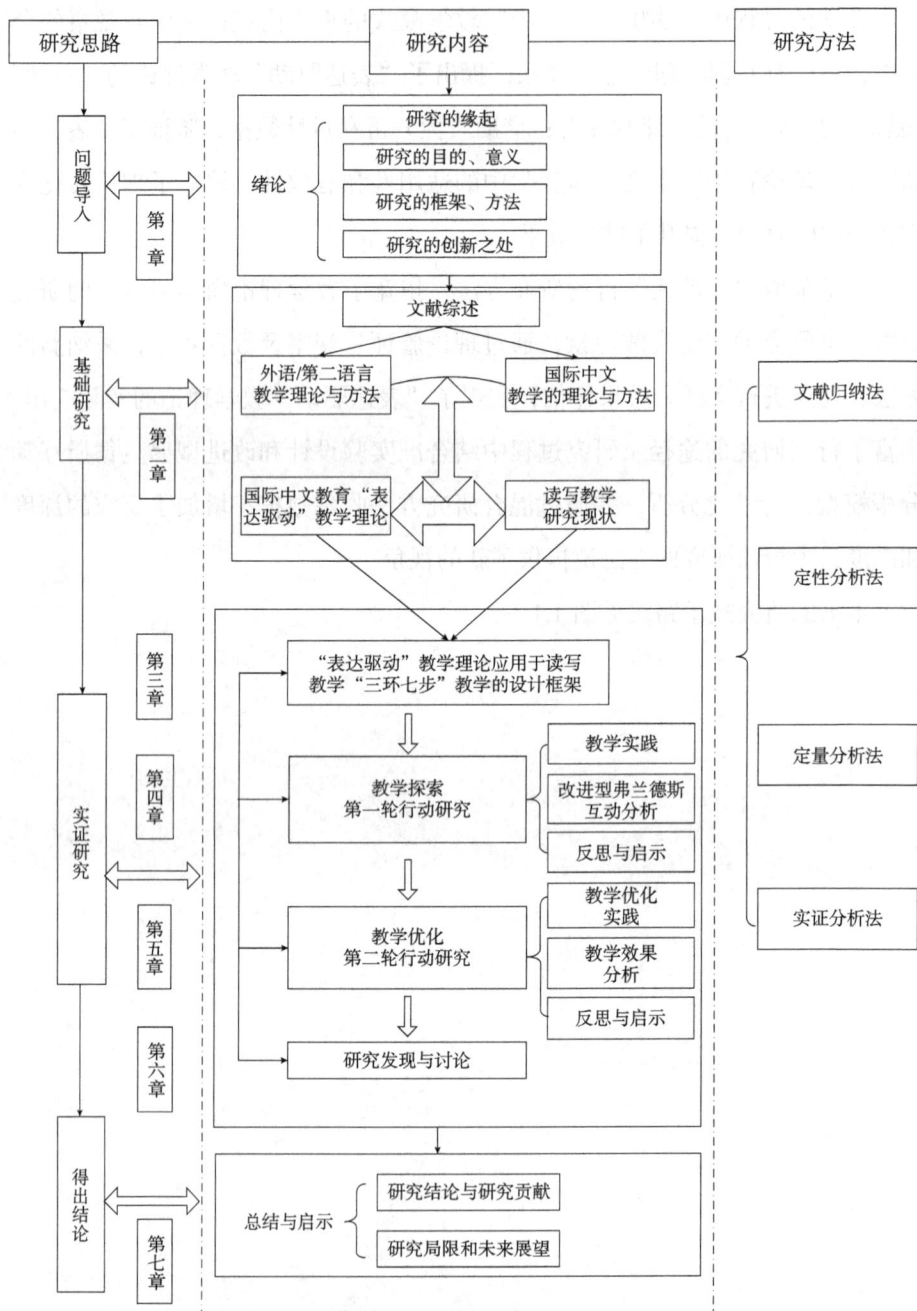

| 研究思路 | 研究内容 | 研究方法 |

研究思路 → 问题导入 ← → 第一章

绪论
- 研究的缘起
- 研究的目的、意义
- 研究的框架、方法
- 研究的创新之处

基础研究 ← → 第二章

文献综述
- 外语/第二语言教学理论与方法
- 国际中文教学的理论与方法
- 国际中文教育"表达驱动"教学理论
- 读写教学研究现状

研究方法:
- 文献归纳法
- 定性分析法
- 定量分析法
- 实证分析法

实证研究

第三章
"表达驱动"教学理论应用于读写教学"三环七步"教学的设计框架

第四章
教学探索第一轮行动研究
- 教学实践
- 改进型弗兰德斯互动分析
- 反思与启示

第五章
教学优化第二轮行动研究
- 教学优化实践
- 教学效果分析
- 反思与启示

第六章
研究发现与讨论

得出结论 ← → 第七章

总结与启示
- 研究结论与研究贡献
- 研究局限和未来展望

图 1.1　本书的研究技术路线

资料来源：作者绘制。

010

第二章
文献综述

　　语言教学的发展历程，实质上是对语言本质认识的不断深化与寻找有效的语言学习路径的探索历程。与此相关的语言教学理念不断演变，催生了多样化的教学理论与方法。斯特恩（Stern）指出，讨论如何高效地教授语言的话题已有 2500 多年的历史。在教学理论的发展中，专门进行教学法的研究在过去一个世纪显著增多。教学法研究所涉及的领域，为现代语言教学理论提供了许多重要的理论解读和经验。所以，我们认为在外语/第二语言教学的理论建构中要考虑"方法"的概念。对于中西方教育体系中的术语（如教学理论、教学理念、教学原则、教学方法、教学技巧等）混杂和翻译不一致的问题，本书着重探讨教学理论在构建有效教学方法中的关键角色，以"教学理论"为核心，阐释重要的"教学方法框架"。

　　国际中文教育作为世界外语/第二语言教学的重要组成部分，受到世界第二语言教学理论和实践的影响。本章从介绍外语/第二语言教学理论的相关研究的起源，探索在后方法时代国际中文教学应该往何处去。同时，在此背景下，对"表达驱动"教学理论的由来、内涵、实践研究等方面进行阐释，并结合读写教学的研究现状，提出本研究的核心问题。

一、外语/第二语言教学理论与方法

（一）历史回溯

　　外语/第二语言教学理论与方法的产生、发展与演变经历了很长的历史发展阶段。接下来，按照时间顺序，我们将其主要分为三个阶段。

　　第一阶段是起源。公元 1 世纪，西班牙教育家昆体良（Quintilian）将伊索寓言作为教学资源教授希腊语，以培养学习者的听、说、读、写能力。15世纪，英国相关人士开始教授商人和游客英语，目的是推动其资本主义经济和贸易发展，这是英语作为外语教育的起步。到了 16 世纪的文艺复兴时期，这种英语的教学方式迅速被拉丁语教育所替代。18 世纪末，在德国诞生的语法翻译法（The Grammar-Translation Method），成为外语教育史上首个形成体系的教学方法。在此之后，整个 19 世纪，外语教学有了很大的发展，取得了很多成果。

第二阶段是方法时代。自 19 世纪中叶以来，外语教学界一直存在着百家争鸣的局面。各种教学法层出不穷，造成了彼此之间竞争与对立的状态。具体来讲，20 世纪 50 年代，自觉对比法（Метод сознательного сравнения）在苏联成为正统的外语教学法，并对东欧和我国的外语教学产生较大影响。视听法（Audio-Visual Method）产生于法国。20 世纪 60 年代，出现了自觉实践法（Подход, основанный на сознании）、口语法（Oral Method）、情景法（Situational Method）、听说法（Audio-Lingual Method），还有认知教学法（Cognitive Approach）；20 世纪七八十年代，主要有交际法（Communicative Language Teaching）、全身反应法（Total Physical Response）、默教法（The Silent Way）、团体语言学习法（Community Language Learning）、暗示法（Suggestopedia）、自然法（Natural Approach）等。这些教学法虽然纷繁复杂，但也使教师及教育研究者产生了深刻的反思。比如，教学方法频繁更替，对于教师和学习者会产生怎样的影响？这些教学法没有细致地考虑教学情境的变化，过于关注理论的普适性，它们的特性应该如何区分？教学方法的使用过程，是否过于注重理论方法的实施，而忽视了教师的认知在其中发挥的调节作用？教学经常强调语言的形式、结构、功能，在教学内容上千篇一律，往往不以语言为中心就以学习者为中心，不关注动态的教学系统和学习过程。基于对以上问题的思考，潘尼库克（Pennycook）和普拉布姆（Prabhum）也发表了相关观点。库玛（Kumaravadivelu）认为可以以此作为分水岭，宣布语言教学的方法时代结束，正式进入后方法时代。

第三阶段是后方法时代。在这一阶段，语言教学从追求理论与方法的横向创新发展，进入追求"质"的纵向深度发展时期。首先是以内容为依托的教学法（Content-Based Instruction）、整体教学法（Whole Language Approach）

等的相继出现。库玛认为这些教学方法和理论有针对性地解决了教学中出现的实际问题，具有特殊性，同时也关注了教师在教学过程中的动态调节作用，打破了理论和实践割裂的束缚，具有实践性。在教学过程中容错能力变强，教室里民主氛围浓厚，具有包容性。进入 20 世纪，伴随着理论融合，特别是外语/第二语言教学理论的萌芽和发展，语言学习的底层逻辑被系统化地发现，语言学习复杂的影响因素被条分缕析，语言教学的本质得到更深入的挖掘。这一时期出现的概念教学法（Concept-Based Instruction）、复杂理论（Complexity Theory Approach）、动态系统理论（Dynamic System Theory）、语言社会化理论（Language Socialization Approach）、社会认知理论（Socio-Cognitive Approach）等，对学习者认知和语言学习过程进行了观测，并结合相关前沿理论（如语言学、心理学和计算机科学等）的发展，外语教学界对学习者的学习系统进行重新审视，把语言的学习看成一个动态、多样、非线性的过程，同时重视教师主动性的发挥，重视学习者的能力和本领。这种跨学科的融合使人们研究语言教学的视野更加开阔，使语言教学学科飞速发展。

（二）发展脉络

从上述外语/第二语言教学发展的三个不同阶段可以看出，语言教学的发展既受社会、政治、经济、文化的影响，又受心理学理论、语言学理论和教育学理论的影响。在不断的实践和探索中，人们完善了外语/第二语言教学的理论体系，摸索外语/第二语言教学法的高效路径。特别是受现代主义和后现代主义思潮的影响，外语/第二语言教学的理论也在不断发生着演变和更替。我们选择哲学认识论的视角，将外语/第二语言教学的理论与方法分为认知派和社会派两个流派，以期对外语/第二语言教学理论在方法时代和后方法时代的发展过程进行更微观、更细致的梳理。此外，我们依据知识的本质（语言是什么）、获得知识的路径（怎样进行语言的学习）、学习主体的地位（自主性的强弱），将两个流派进行细分。认知派包括行为主义教学理论与方法，认知主义教学理论与方法；社会派包括建构主义教学理论与方法，社会建构主义理论与方法。第二语言教学理论与方法的发展脉络如表 2.1 所示。

表 2.1 外语 / 第二语言教学发展脉络

	认知派		社会派	
	行为主义	认知主义	建构主义	社会建构主义
知识的本质	语言是客观存在的，是有规则的结构系统		语言需要建构，是在活动中产生的	
获得知识的路径	习惯的形成	激活语言机制，处理大脑中的信息	同化或适应外部刺激，以发展个体的认知结构	在个体、工具和活动的相互调节中发生
学习主体的地位	弱	弱或者较强	强	强
教学方法举例	直接法 情景法 听说法	认知—符号法 3P 教学法	交际教学法 问题导向型学习法 项目教学法	整体教学法 概念型教学法

资料来源：作者绘制。

1. 认知派

外语 / 第二语言教学认知派的理论与方法的发展，经历了两个重要阶段。从 20 世纪 50 年代到 60 年代，教学理论以行为论为主。行为主义的心理学基础可以追溯到 20 世纪初，由巴甫洛夫（Pavlov）的条件反射论（Professional Reflectional Theory）奠定。巴甫洛夫认为，人的行为主要是依托学习形成的，通过"刺激—反应"机制进行调控。心理学家斯金纳（Skinner）基于巴甫洛夫的理论，提出了操作性条件反射的概念，区分了被动反应和主动行为。他指出后者是学习的产物，其核心在于强化作用。斯金纳将操作性条件反射应用于解释语言能力的发展，认为语言行为由刺激反应链形成。在这种观点下，语言学习的过程被视为通过"刺激—反应"循环形成语言习惯。在行为主义和结构主义的影响下，教育界出现了直接法、情景法、听说法等教学方法。这些方法强调听说为基本技能，通过重复练习来掌握语言。

从 20 世纪 60 年代开始，外语 / 第二语言教学的主要理论与方法演变为认知主义。认知主义语言教学基于认知心理学，涵盖心理主义、信息加工理论和建构主义等分支，认知心理学以皮亚杰（Piaget）为代表。认知主义与行为主义不同的是，它把更多的注意力集中在学习者的内在认知过程上。乔姆斯基（Chomsky）批评行为主义的刺激反应模式，强调建立在人脑中的语言习得机制，同时也强调普遍语法概念。他的理论挑战了传统的听说教学法，促进了"认知—符号法"的兴起。"认知—符号法"分为理解、形成、运用三个阶段，强调学习者在语法学习中的主动性。以信息加工心理学为基础的认知主义方法关注个体如何处理和应用信息，对外语教学产生深远影响，如克拉申（Krashen）的"可理解输入"、施密特（Schmidt）的"注意假设"和比尔·范帕滕（Bill VanPatten）的"输入加工模型"等理论。3P（Presentation-Practice-Production，演示—操练—成果）教学法是将这些理论应用于语言教学的实例。

2. 社会派

社会派的外语 / 第二语言教学以建构主义为基础，构建了更加开放多元的语言教学和学习系统。建构主义（Constructivism）起源于皮亚杰（1896—1980）、杜威（Dewey, 1859—1952）、维果茨基（Vygotsky, 1896—1934）等人的学说，这些学说对教育和语言教学领域产生了深刻影响。这个方法学可以追溯到皮亚杰的认知结构理论、杜威在实践中学习的思想，以及维果茨基的社会文化历史理论（Social and Cultural History Theory）。这些方法学根据外部因素所起的作用，分为以个人认知为核心的"认知建构主义"和强调知识建构中社会互动作用的"社会建构主义"两大类。

在皮亚杰的理论中，图式（schema）涉及同化、顺应、平衡这三个基本过程，是认知发展的基石。同化是将新信息融入现有认知结构的过程，顺应是因外部刺激导致认知结构发生改变的过程，而平衡是使这一结构发生变化的驱动力。杜威的教育思想强调在实践中学习，强调"知行合一"，认为知识是解决问题这一行动的产物，行动本身成为学习的媒介。在建构主义视角下，知识被视为主观建构的结果，而非客观事实的简单反映。该理论强调要以学习者为中心，通过同化和顺应主动构建认知结构的过程，比较有代表性的教学法有交际教学法、问题导向型学习法和项目学习法。

社会建构主义，即社会文化理论，由维果茨基提出，强调通过社会互动和语言符号的内部化，让个体与社会物质世界建立联系。与认知建构主义不同的是，社会建构主义重视语言学习过程中的互动，重视教师或高水平同伴的支持，强调成功的学习系统的构建过程是由协作式心理间活动逐步转化为独立的自主心理间活动的过程。维果茨基的"最近发展区"理论强调学习者在适当引导下的潜力，突出了"支架"在其中发挥的作用。任务型教学法和以内容为基础的教学法都反映了社会建构主义对学习的影响，突出了语言学习过程中的互动、意义协商和教师的重要性。比较有代表性的方法有整体教学法和概念型教学法。

（三）转型构建

综合分析以上认知派和社会派的外语/第二语言教学，在底层逻辑上，两者属于绝对的对峙。纵观近百年来语言教学观的转变与演变，我们发现，外语/第二语言教学理论与方法的哲学演变经历了两次大的转变。一次是从客观主义向建构主义的转变，一次是从重视学习者的主观认知建构向学习者与社会交互的重大转变。这就是库玛所提出的：由于认识论哲学的转变，外语/第二语言教学也随之发生重大转变，形成了从"语言"中心论到"学习者"中心论再到"学习"中心论的顺向动态过程。外语/第二语言教学理论与方法的转型构建见图 2.1。

1. 第一次转型：从"语言"中心论到"学习者"中心论

在外语/第二语言教学领域，教学理论的转变由客观主义向建构主义倾斜，标志着外语教学模式由以"语言"为中心向以"学习者"为中心过渡。客观主义，或称为 Objectivism，将知识视为现实世界的直接映射，认为它独

个体认知

认知主义　　　建构主义

语言是客观
存在的　　　　外语/第二语言
教学理论与方法　　　　语言是主动
建构的

行为主义　　社会
建构主义

有外部调节的认知

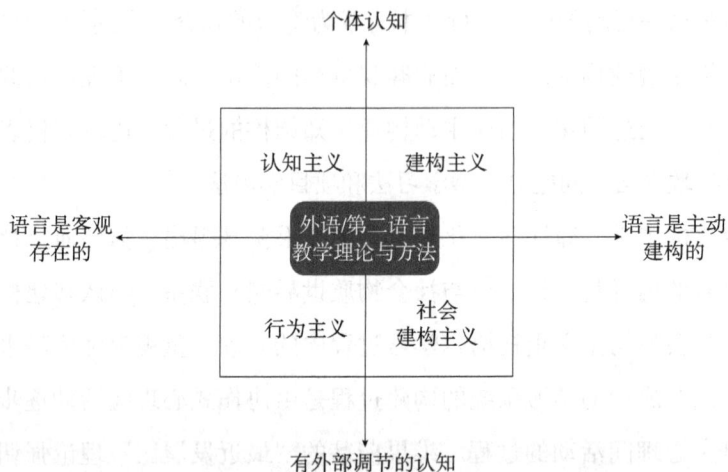

图 2.1　外语 / 第二语言教学理论与方法的转型构建

资料来源：作者绘制。

立于学习者的认知和主观经验，可以通过逻辑推理和经验验证。在这种观点下，语言被看作是一套由规则和符号组成的系统，独立于学习者而存在。因此，教学方法主要是将语言分解为基础元素，如词汇、短语、语法规则、句式结构和功能等，并按难易程度或使用频率向学习者呈现这些元素。这就更加注重教师的权威，认为教师的任务在于把知识传授给学习者，而学习者的任务则在于接纳并记住知识。

相反，建构主义则挑战了知识的客观性和独立性，强调通过学习者来主动建构知识。在这样的教学理论指导下，着眼点不再是单纯的语言知识的获取，而是更多地关注学习者的学习过程。受到罗杰斯（Rogers）1951 年提出的人本主义心理学的影响，以"学习者"为中心的教学法获得了广泛认可。这种"学习者"中心论的教学方法在交际教学法中表现亮眼，将语言视为沟通的工具，教学的目的不是模仿和练习句式以提高沟通能力，而是在实际的沟通场景中进行教学，以重视语言的理解和运用能力。教师的任务是指导和促进学习者的知识建构。

2. 第二次转型：从"学习者"中心论到"学习"中心论

伴随着语言教学的认识论从认知建构到社会建构的转变，教学方法也由"学习者"中心论向"学习"中心论转变。"学习"中心论主要强调语言教学不能只重视学习者自身的知识建构，还应该注重在知识建构过程中与外界的联系、互动和调节。教师也是知识建构的一部分，教学重心应该向学习本位靠近，关注学习者的学习过程。

从认识论的主体来看，人们逐渐从只关注人的生物属性，到开始关注人的社会属性，不再将人的语言单纯地看作大脑处理的信息，而是看作个体与环境互动中认知发展的结果。值得注意的是，行为主义的教学方法虽然重视外部环境的作用，但却忽视了学习者在学习活动中的主动性。与之相对，认知建构主义和社会建构主义更加强调学习者作为积极参与者的角色的重要性。认知建构主义将知识视为个体与客观世界相互作用的结果。社会建构主义则更强调在知识建构过程中的社会互动，从单一地关注学习者的心智活动，转变为重视其在社会环境中的作用，认为语言是社会文化的产物，是个体与社会物质世界相互作用的媒介，从而转化为对社会环境的关注，将知识建构过程中的社会互动转化为对知识的建构。与建构主义的语言教学一样，社会建构主义同样重视语言的意义和实际的使用，更强调语言学习是通过与他人和社会文化环境的互动而产生的，注重教师在这一过程中所起的中介和调节作用。

随着对学习者角色认识的转变，语言教学的核心也由关注学习者的个别需求转变为关注学习者的整体学习过程。欧莱特（Allwright）表示，在传统的方法时代，外语教学主要集中于语言的结构和功能，形成了一个以语言或学习者为中心的静态教学模式。而在后方法时代，教学更侧重于语言学习的整个过程，追求更有效的学习成果，并倡导一种动态的、以学习过程为中心的教学模式。

综上所述，在外语教学领域的理论发展中，教学观念已从以学习者的个人认知建构为核心转向更加关注社会构建的角度，这一变化促使教学重心由以学习者为中心转向以整体学习过程为中心。这种转变不仅强调了学习者个人对知识的建构，更重视在这一过程中与他人的互动和外界因素的调节作用，同时提升了教师在促进学习中的辅助和支持作用。

（四）教学关键

在语言教学领域，三个核心双元概念——课堂内的语言输入与输出、教师与学习者的关系、语言的形式与意义——构成了教学理念的基石。对这些双元关系的理解和应用决定了教学的基本方向。随着认识论由客观主义向建构主义的转变，以及从认知建构到社会建构的思想转换，我们可以更加深刻地解读在教学实践中语言输入与输出的角色变迁、语言的形式与意义的教学取向变迁，以及教师和学习者的角色转换。

1. 语言输入与输出的角色变迁

（1）"输入"的角色变迁

在外语教学领域，理解并有效地管理语言输入与输出这一对信息加工理论系统的概念关系是一项挑战。语言输入的概念经历了从"可理解的输入"发展到"受关注的输入"，进而到"输入的加工处理"的演变过程。在第二语言习得的研究中，语言输入被定义为学习者在交际或教学环境中所接受的语言，包括听力材料和阅读材料。如何高效地进行语言输入与输出，发挥它们在教学过程中的作用，成为外语教学设计中不可或缺的考量点。

在行为主义的教学框架中，语言输入发挥着至关重要的作用。该理论重视环境因素对学习过程的影响，将输入视为环境中的关键刺激，直接作用于学习者的行为反应。行为主义理论认为，学习的过程是一系列"刺激—反应"链条的结果，通过分析刺激的性质和强度并进行反复强化，可以有效地解释和预测学习者的反应模式。相比之下，认知主义对语言输入的解读有所不同，它关注的是学习者内在的认知过程，从而改变了对输入的认识。认知主义的研究重心从单纯关注输入本身转向了探究学习者是如何加工和处理这些输入的。这种理论的发展路径从最初的客观主义出发，逐渐转向建构主义，并最终延伸到社会文化理论的领域。

克拉申的"输入假说"提出了一个关于语言习得的核心理念，即"可理解输入"。根据这一假说，接收并理解对学习者而言略有挑战性（略高于其当前水平，即 i+1 水平）的语言输入，是语言学习的关键途径。这种假设引发了对何种输入最利于语言习得的探讨。朗（Long）提出的"互动假说"进一步强调了在互动环境中以理解为目的的语言调整对第二语言学习的促进作用。在这种假设下，通过简化语言结构、澄清含义、进行重述等方式进行的调整，被认为能够有效促进语言的学习和掌握。施密特指出，"注意假说"挑战了传统的语言习得观念，认为只知道语言输入是远远不够的。相反，重要的是将输入转换为"摄入"（intake），这一过程需要学习者有意识地关注特定的语言输入。施密特认为有意识的注意是将输入转化为摄入的关键。随后的实证研究也证实了这一观点，即在处理语言输入的特定形式之前，学习者必须先有意识地注意到它。

随着学习的不断深入，大家逐渐认识到，只重视形式上的语言是远远不够的。麦克劳林（McLaughlin）提出的"信息加工"理论进一步深化了这一理解，将学习视为认知技能的发展，涉及信息的自动化处理和重组。根据这个理论，学习被理解为一个过程，其中受控的处理活动通过练习转化为自动化处理，以便将语言知识转变成技能。同时，由于语言发展的非连续性特征，学习过程通常伴随着知识的重新构建。有效的信息处理需通过持续的练习和知识的重构来完成。安德森（Anderson）在 1983 年提出了将人类知识划分为陈述性知识和程序性知识的理念。陈述性知识涉及"是什么""为什么"等问题，而程序性知识则涉及"如何执行"的问题。在使用陈述性知识时，意识发挥主导作用，而程序性知识则主要通过潜意识进行处理。学习过程旨在通过不断的练习，将陈述性知识转化为程序性知识。

1990 年，比尔·范帕滕提出的"输入加工理论"质疑了"通过理解输入来完成语言习得"的理念。这一理论指出，单纯理解输入信息并不能确保学习者掌握语言，尤其在无压力的学习环境下，学习者倾向于更多地关注语言的意义而非结构。因此，该理论强调需要发展学习者的信息处理能力，并在语言的形式与意义之间建立联系，从而实现更深入的语言学习。"输入"的角色变迁见图2.2。

图2.2 "输入"的角色变迁

资料来源：作者绘制。

（2）"输出"的角色变迁

20世纪80年代以前，语言输出常被视为学习语言的自然结果。从20世纪80年代到20世纪90年代，研究焦点逐渐从单纯的语言输入转移到了如何处理这些输入，此时语言输出在学习中的作用开始受到重视。斯温（Swain）在1995年提出的"输出假设"表明，语言输出（即积极的输出活动）不仅增加了语言使用的流畅性，还起到引起注意、测试假设和反思元语言的作用，强调了学习者的主动性和参与性。

泉（Izumi）的实证研究支持了输出的这种功能。比尔·范帕滕也强调了输出在技能发展中的重要意义，是语言学习的必要条件。道蒂（Doughty）和威廉姆斯（Williams）认为，识别语言形式的不足是达到认知差距的关键一步，这与施密特的"注意假设"相吻合。输出的检验假设功能允许学习者通过输出、反馈对先前的语言假设进行确认和调整，这与朗的互动假说和麦克劳林的信息加工模型中的"重组"概念相符。在调整输出过程中反馈是第二语言习得的关键环节。文秋芳提到，第二语言学习者在学习过程中形成对语言形式和结构的假设，而输出用于检验这些假设的正确性，这与学习者反思能力的元语言功能有关。

根据维果茨基的社会文化理论，学习是一种内化的高级认知活动，与世界的互动性强。斯温强调，语言输出应被视为语言学习的中介工具，帮助学习者在解决语言问题时构建语言知识。这种观点超越了传统的信息处理视角，强调学习者参与的主动性。斯温将输出重新定义为语言学习的过程，强调输出与思维的紧密联系，并将之作为理解和沟通的工具。他使用"言语化"一词，强调输出在认知过程中的作用，提出通过口语和书写等产出活动促进认知和情感的发展。这一观点认为这种理解是在与个人、社会和文化互动中实现的，从而强调了在学习过程中语言输出和认知发展之间的密切关系。

因此，"输出"这一角色经历了从"学习结果"到"必要条件"再到"学习过程"的转变（见图2.3）。

图 2.3 "输出"的角色变迁

资料来源：作者绘制。

2. 语言的形式与意义的教学取向变迁

语言教学中形式与意义的关系在两种不同的教学取向中有着不同的表现。"重视形式教学"（Focus on Forms）等"语言中心论"视角下的教学方法，以包含语法结构的文本或对话为输入内容，以综合教材和测试的方式强调显性的语法教学。这种方法通过特定任务加强练习，旨在帮助学习者将知识转化为技能，并通过重复练习让学习者达成语言技能的自动化习得。这就是朗所说的"综合性教学法"（Synthetic Approach）。此类教学方法的例证有语法翻译法和听说法。此类教学法存在的缺点是忽视了语言的交际功能，不利于学习者语言交际能力的提升，对学习者的主动性不够重视，使语言的教学成为一种脱离语境的形式教学。

"学习者中心论"视角下的教学方法，如"重视意义的教学"（Focus on Meaning），将生活中的真实语料作为主要教学材料，强调语言的实际运用，教学中不直接教授语法规则，注重口语和书面语的输出方式并作为教学的主要活动，教学中常常采用主题式或交际式教学，如交际教学法。朗将这些教学方法称为"分析教学法"（Analytic Approach），因为这种教学方法要求学习者在真实的语言交际场景中进行有意义的产出。此类教学方法带有明显的建构主义立场，重视学习者的交际、学习的主动性以及语言的情景化使用。存在的问题是：学习者过于依赖隐性学习，从而忽视了显性学习；隐性学习需要学习者进行长时间的沉浸式学习，因课堂教学时间有限难以实现。

以上两类方法都有其不足，有效的教学应结合语言的形式和意义。施密特强调"注意假说"，要求把"输入"变为"摄入"。比尔·范帕滕的"输入加工模型"也指出，语言形式和意义需要紧密联系，学习者往往忽略了语言形式。有一些教学法，如任务型教学就紧密结合了语言的形式和意义，通过学习者任务的完成，进行注重语言形式的显性教学。

"语言"和"意义"在教学取向上的变迁见图2.4。

图2.4 "语言"和"意义"在教学取向上的变迁

资料来源：作者绘制。

3. 教师和学习者的角色转换

认识论从客观主义发展到建构主义，再到社会文化理论，这几次转变让我们清楚地认识到教师的角色经历了显著的转变。这一转变体现在教师在构建学习者知识的过程中，从传统的知识传递者转变为知识建构的协助者。根据维果茨基的理论，教师的角色类似于建筑中的"脚手架"（scaffolding），为学习者提供学习过程中必要的支持和帮助。

"学习者中心论"的理念在教学过程中很好地发挥了作用，克服了学习者被动接受知识的局限，强调了学习者的能动性和自主性。然而，教师作为经验和知识结构更为完善的引导者，在教学过程中仍然扮演着重要角色。维果茨基提出了"实际发展层次"和"潜在发展层次"的区别，并将这种区别称为"最近发展区"。在这一理论框架下，教师与学习者在协作中共同完成任务，通过外部调节逐渐转向学习者的自我调节，从而提高学习效率。

而正如申克（Schunk）所说，社会认知派认为，人的行为受到多方面因素的影响，如个人心理因素、环境因素、行为因素等，而不是简单地遵循"刺激—反应"模式。因此，教师的作用也不能简单地被理解为语言学习的协助者，他们还是使学习者成为主动建构语言学习的人，通过适当的任务、改变学习策略等对学习者个人心理产生影响，从而提升学习者的认知能力和元认知能力，提高学习者的自我效能感。

"教师"和"学习者"的角色转换见图 2.5。

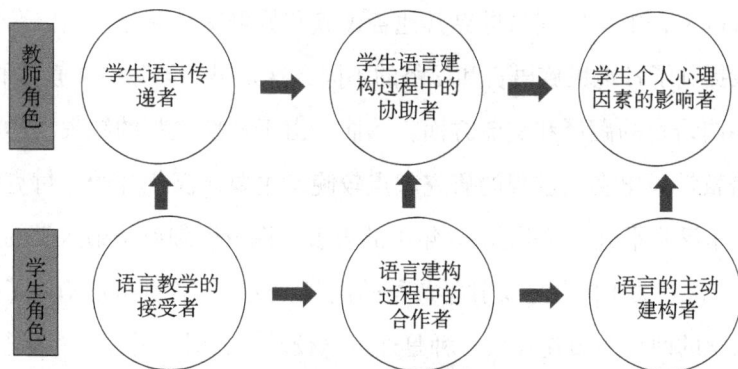

图 2.5　"教师"和"学习者"的角色转换

资料来源：作者绘制。

综上所述，在过去的一个多世纪中，外语/第二语言教学方法不断演进，展现了教育理论循环往复、不断发展的过程。通过从哲学认识论的角度进行梳理和总结，我们对语言教学的核心和本质有了更深入的认识和理解，这有助于我们对国际中文教学的理论与方法进行更加理性的评估和反思。

二、国际中文教学的理论与方法

将中文作为第二语言教授在不同的历史时期和区域有所不同，这主要是因为学习环境和学习者的差异导致了人们对中文概念的理解不同。具体来说，在中国境内对少数民族或外国人进行中文教学，被称为对外汉语教学；而在国外，则被称为海外汉语教学或全球汉语教学。在本书中，我们通常将这些教学活动统称为国际中文教学，而不进一步细分这些概念。

（一）发展过程

追溯国际中文教学"前教学法体系阶段"的历史进程是非常有必要的。鲁健骥曾指出，这对于研究国际中文教学的发生和发展具有十分重要的价值和意义，是国际中文教学学科建设中不可或缺的组成部分。

1. 前教学法时期

自古以来，中华民族与世界其他各民族和族群交往频繁。《礼记·王制》中的记载提到了各地民族语言和习俗的不同，这是早期国际中文教学的萌芽，尤其在不同语言的翻译和交流方面。然而，由于早期文献的缺失，学者关于对外汉语教学历史发展进程的研究起点较晚，主要从汉代开始。付克和鲁健骥引用了东汉永平九年（公元66年）的史事，提及引匈奴子弟入学的"四姓小候学"，这是关于国际中文教学最早的记载。此外，鲁健骥还论述了古代汉语对外教学的两种主要途径：一种是通过学校教育；另一种是通过宗教传播，比如佛教的传播、伊斯兰教的传播，以及后来基督教的传播，这对中国的对外教学有很大的推动作用。

在历史长河中，国际中文教学多基于"以自我为中心"的理念，主要采用中文作为母语教学的方式向外国学习者传授汉语的语言和文化。直至 19 世纪末，这一模式在中国及其周边国家中仍是主流。16 至 17 世纪，国际中文教学开始尝试以新的思想和模式作为对传统教学方法的调整和补充。特别是从 16 世纪开始，葡萄牙等西方国家的传教士来到中国进行贸易交流和文化传教，他们对汉语和中国文化的学习更加系统化、精细化。张西平指出，这是西方人开始进入学习中文高峰时期的重要标志。西方传教士运用西方语法概念和方法对汉语进行分析和研究，创作出影响较大的汉语文法书籍，如瓦罗的《华语官话语法》和马若瑟的《汉语札记》等。利玛窦等人采用拉丁字母为汉字注音，对后来的汉字注音法产生了深远影响。除此之外，很多西方的传教士还编写和出版了汉语学习的材料和汉外对照词典。

在这一时期，尽管未能完全改变以汉语为母语教学方法的主导地位，但西方的教学理念和方法逐渐兴起，使国际中文教学呈现出与以往不同的教学风格。

国际中文教学的欠缺之处，主要表现在未能充分适应非汉语背景学习者的特定需求，以及在开发适合他们的教学策略方面的不足。从本质上讲，过去的国际中文教学模式大量沿用了将汉语作为母语的教学方法，而非真正针对外国学习者的特定教学模式。在教学方法上，这种传统教学模式主要依赖已经成熟的中文母语教学的理念和方法。因此，尽管名义上是对外教学，实际执行时却大量沿用了将汉语作为母语的教学风格。这种"以自我为中心"的教学方式，并未在那一时期形成与母语教学截然不同的国际中文教学的思想和方法。如此一来，国际中文教学在那个时代不仅并未真正从传统汉语教学模式中脱胎换骨，而且未能形成符合现代外语教学理念的独特教学方法。

2. 教学法体系阶段

与西方相比，我国的国际中文教学在学科发展方面比较滞后。20 世纪 50

年代，我国国际中文教学研究刚刚起步，尚未形成体系完备的授课方式。由于缺乏成熟的教学体系，国内的国际中文教学主要参考了国外的教学方法，普遍采用双教师制，即中文教师授课，翻译人员进行翻译。然而，由于越来越多来自不同国家的留学生涌入，这种教学模式逐渐偏离主流。

20世纪五六十年代，国际中文教学作为一个新兴领域，在其发展初期主要关注探究课堂教学方法和技巧，之后逐步发展出具体的教学理论。这个阶段的特征是吸收西方先进的第二语言教学理论与方法，并结合中国的实践经验，逐渐形成了一套结合传统教学法、特别强调"结构"的教学原则。1953—1961年，中国建立了多个专门为海外学子提供中文教育的机构。在这个时期，周祖谟发表了早期的论文，这是中华人民共和国成立后第一篇全面探讨国际中文教学理论的文章。他在文中首次提出将汉字教学与语言教学分开，并强调语言教学的重点在词汇和语法教学上。同时，他提出具有深远影响的"综合教学法"。1964年之后，中国的国际中文教学开始实施"相对直接法"，在这一教学方法的指导下，汉语教师直接使用汉语进行教学，并使用课本上的翻译来解释新词。这要求汉语教师具备一定的外语能力，以便在必要时使用外语进行翻译，这种教学方法改变了以往完全依赖外语的教学模式。1965年，钟梫提出了"精讲常练""课堂学习与课外活动相结合"等一系列实用性强的教学原则，并强调语言教学内容要与学习者的专业知识相结合，做到学以致用。他还根据分阶段进行重点教学的特点，提出了"听、说、读、写技能全覆盖"的原则。1972—1977年，国际中文教学领域强调课堂教学应与社会实践相结合，为实际应用服务。

从20世纪70年代末到80年代末，国际中文教学学科建设步入了理论体系建立阶段，在此过程中，教学法原理的地位越发凸显。在这个时期，受到西方功能主义语言理论的启发，吕必松对20世纪70年代后期的"实用原则"进行了重新评估，强调了实用原则在语言教学和提高学习者中文交际能力方面的重要性。1977年，他首次提出将提高学习者中文交际能力设定为国际中文教学的主要目标，并主张将语义教学和功能教学相结合，以此形成新的教学法原则。1983年，他概述了国际中文教学的特征，探讨了学习的环境、方法、过程、目标和动机，以及文化背景的差异，指出这些因素导致了中文作为第二语言教学与母语教学的显著区别。在这一时期，如何平衡"听、说、读、写"在教学中的比重成为一个突出的问题。对此，国际中文教学者进行了多次课堂实验，并引入了"句式教学法"。1984年，钱倚云在听、说、读、写的教学中强调了全面教学的要求，明确了声调、词汇和话语教学的重要性。1987年，张亚军深入研究了中文作为外语的教学理论、实践、过程和规律，提出了"国际中文教学法"的观点，认为教学方法应包含但不能取代教学原则。同年，吕必松在国际中文教学研究会议上首次提出国际中文教学的"四个主要环节"，包括"总体设计""教材编写""课堂教学""测试"，并探讨了这些环节之间的相互关系。1989年，吕必松把从20世纪50年代到80年代的国际中文教学法按时间顺序分成四个阶段，详细总结了各个阶段的特点和存在的问题。20世纪末，崔永华强调汉字教学的重要性，同时还提出当时中国语言教学模式亟待改革。他还借鉴美国明德暑期中文学校的教学模式和张思中的外语教学法，提出"先语后文，集中识字，先读后写"的教学顺序。

20世纪80年代早期，国际中文教学领域开始融入功能语言学的理念，重点研究语言教学中的文化成分。张占一是这方面的先驱，他在语言教学中区分了"知识文化"与"交际文化"，开启了对教学中文化背景知识及其在交际上的隐含文化因素的理论研究。特别是自20世纪90年代起，国际中文教学的文化研究逐渐加深，研究范围也不断扩大。研究内容包括文化的界定和分类、文化观的研究、文化因素与文化教学大纲、语言与文化的结合原理和方法、国际中文教学中的文化角色、跨文化交际和文化教学等，这些内容成为当时研究的焦点。在国际中文教学的发展和深化过程中，随着文化元素在语言教学中的引入，逐步形成了"结构—功能—文化"三位一体的教学法原则。随着功能文化大纲的确立及相关教材的编写和应用，该教学法原则逐渐成为主导。

国际中文教学在"教学法体系时代"这五十年的发展过程中，始终坚持从汉语的独特性出发，探索其作为第二语言的教学规律，同时广泛吸收了西方教学方法的优点，逐步建立起自己独特的教学方法体系。20世纪五六十年代，在兼顾传统教学法的同时，教学规律以"结构"为主。但是到了七八十年代，教学规律以结构为主导，将结构方法和功能方法结合在一起。20世纪90年代之后，教学规律更加强调"结构、功能、文化"三者的综合运用。"结构主义"和"功能主义"这两个主流教学方法体系在国际中文教学中逐渐形成。尽管各个时期的教学法体系各有侧重，但在"方法时代"的大背景下，其基本都借鉴了西方外语教学法体系的理论而形成。

3. 后方法时代阶段

自21世纪初以来，国际中文教学在经历了近半个世纪的发展后日渐成熟，主要体现在教学理念和方法体系的完善。丁安琪强调了20世纪下半叶起后方法思潮的兴起和发展，这一思潮引领了全球第二语言教学领域进入一个全新的时代。崔永华于2016年提出，既然全球第二语言教学已经跨入了后方法时代，那么中文作为第二语言的教学自然不是一个孤立的存在，也不可避免地受到这个时代所带来的影响。在这个背景下，汉语教师在教学中具有更自由的发挥空间，不必只坚持一种教学理念进行教学，而是可以更加灵活地进行调整，这就激发了全球第二语言教学的新理念和成果的传承、创新和发展，从而提高了汉语教学理论的深度研究和汉语教师的专业素养，最终促进国际中文教育提质增效。

在后方法时代下，中外的国际中文教育研究者通过艰辛的探索，取得了一定的成果。柯彼德（Kupfer）提出的双书面语教学思想，将汉语和学习者母语结合起来，这一思想提倡在教学中同时使用汉语和学习者的母语书面语，以更好地促进语言理解和交流。这种双语结合的方式有助于学习者在学习初期更快地适应汉语，特别是在汉语和学习者母语存在较大差异的情况下。2003年，吕必松提出了一种特殊的语言教学方法，强调了为实现具体教学目标而设计的专业教学知识和技巧。他主张将中文教学与西方的外语教学模式区别开来，批评了当时流行的五种教学方法，认为它们未能展现汉语教学的独特性，尤其是以词汇为核心的模式，这种模式与汉语的本质不符。随后，吕必松提出了组合式中文教学模式，强调将直译、交际法等不同教学方式灵活地结合起来，并根据学习者的具体需求和背景，将多种教学方法和策略融会贯通。这种综合使用的教学模式，使得教学效果和学习效率大幅提升。

吴艳将功能教学法引入口语教学中，特别强调语境在口语教学中的重要性，并在实践中观察其成果。陶健敏指出，结合第二语言教学对中国现行教学法进行反思，汉语教学被带入后方法时代的思想，并提出新的观点。他强调，教师要培养形成个性化教学环境的独立教学意识。在这样的理念下，教师既是知识的传播者，又是知识的构造者，同时也是知识的创造者。亓文香把外语教学中的"语块理论"引入中文教学，强调词汇和短语的重要作用。她详细介绍了理论背景和基础，指出了其在中文教学中运用的潜力。2007年和2008年，随着《国际汉语教师标准》和《国际汉语教学通用课程大纲》的颁布，很多教师开始进行独立的教学探索。这些充分考虑学情、结合了汉语的特点和教学实际、具有个人教学风格的教学理论，充分展现了后方法时代摆脱以往"方法"束缚，适应中文教学新发展的特色。

体演文化教学法由吴伟克提出，注重以体验和表演的方式传授中文，提倡模拟真实的语言环境，让学习者在角色扮演和情景模拟中学习中文。这种教学法不仅能加深学习者对中国文化的了解，还能提高学习者的语言实践能力。赵金铭对几十年来的中文教学法进行了回顾和评价，探寻了中文教学法的渊源，并重新认识了"综合教学法"这一有着90多年历史、不断演进的教学方法。这种教学法既有汉语特色，又符合世界第二语言教学法潮流。

刘珣主张借鉴美国"5C"标准，在遵循第二语言教学的基础上，总结出"增强交际能力""重视互动应用""重视认知规律""认识多元文化""重视学习者中心"等新的教学理念。鲁健骥提出的激创法教学思路，主张通过激发学习者的创造性思维来教学。具体地说，就是要提出几个能激发学习者创造力的方法，如查找、调查、比较、归纳、创意运用等。吴勇毅就任务型教学法的发展、问题、趋势等方面进行了理论与实践方面的探讨。他认为，严格遵循任务型教学法的理论和模式，通过从其他教学方法中汲取灵感，以求在有限的可能性下创新中文教学模式。2017 年，文秋芳与团队提出"产出导向法"（Production-Oriented Approach，POA），并准备在中文教学中进行应用。教学实验于 2017 年 9 月正式开始，在中文教学中展现了 POA 的实用性。其核心可以概括为四大教学理念，即学习中心、学用结合、文化沟通、关键能力。四种教学假设：输出驱动假设、输入促成假设、选择学习假设、以评为学假设。三段式教学流程：驱动—促成—评估。2019 年，在总结 20 世纪的教学法成果后，鲁健骥介绍了 21 世纪初兴起的三种新的教学方法：刘珣进一步深入解读的"结构—功能—文化"模式、新兴的"产出导向法"、鲁健骥提出的"激创法"。

（二）发展特点

本节回顾了国际中文教学的发展历程，特别是在近 70 年的发展历程当中，教学理论框架体系的发展变化。总体来看，国际中文教学的发展经历了从 20 世纪 50 年代初开始历时 30 年的朦胧阶段；之后的 20 年，在改革开放的国家发展形势下，教学理论体系进入了向西方学习和借鉴的同时进行本土化探索的阶段，即借鉴阶段。21 世纪以来，国际中文教学迎来了开拓创新、不断走向成熟的时期，即创新阶段。接下来具体进行说明。

1. 朦胧阶段

20 世纪 50 至 70 年代的国际中文教学，其理念和方法体系还处于朦胧阶段。例如，清华大学的"东欧班"在缺乏充分理论准备的情况下启动，当时并未形成明确的教学理念和体系。对"东欧班"的教学理念和方法体系的了解，主要依据邓懿关于"以实用为目的"的描述，这反映了当时注重实现教学目标，但并未形成一个完整的教学理念或方法体系。对于当时教学方法体系的描述和定位主要是基于对实践的分析，可能并不完全准确。例如，虽然邓懿在形式上借鉴了曾主持美国陆军特训班工作的赵元任的做法，但在实际教学中，使用的方法较为传统，以语法为主。20世纪60年代，北京大学的留学生班并入北京外国语学院，国际中文教学仍然延续20世纪50年代的教学体制。尽管当时尝试引入听说法进行句型教学实验，但由于种种原因，这些尝试未能持续下去。当时的句型教学与句型法的实际意义还有一定距离。至于20世纪60年代的教学方法体系，虽然有些学者认为是"相对的直接法"，但这种观点并不被普遍接受。如李培元所述，当时国际中文教学并不完全采用翻译法，而是采用多种教学方法。

从总体上看，那个时期的国际中文教学，在思想上、方法上、制度上都是模糊的。这不仅因为国际中文教学当时正处于初创阶段，也因为当时中国相对封闭，学术交流有限，导致国际中文教学的发展相对滞后。此外，对西方教学理论和方法体系的理解不够深入，也是导致这一阶段的教学方法体系比较模糊的原因之一。

2. 借鉴阶段

20世纪70年代末，随着改革开放的推进和中外交流的加深，国外的语言教学理念和方法体系开始被引入中国。在此期间，国际中文教学领域出现了新的发展机遇。我们开始探索新环境下的国际中文教学改革，以适应时代的变革。回顾这一时期，我们的思考主要分为两个方向：一方面是总结本国过去30年的经验并将其提升至理论层面；另一方面则是着力引入、研究和借鉴国外的教学理念和方法体系。

我们在引进国外尤其是美国的教学理念、教学方法体系时，表现出几个特点：第一，明确地在教学中采用了具体的教学方法体系，并在教材编写中加以规范；第二，虽然一开始重视的是教学方法，而不是背后的教学思路，但后来我们开始重视交际法、任务法等"以学习者为中心"的思路，及其所支持的各种教学手段；第三，针对中文和国际中文教学的特殊性，我们在借鉴国外教学方法的同时也进行了灵活的调整和运用。

吕必松在1985年系统研究了国外的外语教学流派，并客观评述其优缺点，提出要建立具有中国特色的、科学的语言教学法体系。他提出了"结构—功能"法和"功能—结构"法，既吸收了结构法和功能法的优点，又避免了单一性。这两种方法都在教材编写中得到应用，并为后来的"结构—功能—文化"综合法的产生奠定了基础。

总体来看，20世纪后20年，我国的中文教学研究更多的还是在借鉴，且在理解国外教学理念时并不透彻，只是盲目借鉴，没有结合汉语教学规律进行融合与发展、创新与实践。

3. 创新阶段

进入21世纪，国际中文教学学科的发展又迈上了一个新的台阶，标志着这一领域正在走向成熟。这一阶段的特点主要体现在对教学理念和教学方法的深入探索与创新。在这一时期，国际中文教学不再是简单地沿袭或模仿传统的教学方法，而是更加注重独特性和创新性，逐渐形成了一系列各具特色的教学理念和教学方法。"结构—功能—文化"综合法是这一阶段的突出代表，这种方法强调在教学过程中平衡语言结构的教授、语言功能的使用和文化内容的融入。它不仅注重语法规则的学习，而且强调语言在真实语境中的应用，同时将文化元素融入教学，使学习者能更加全面地理解和使用汉语。产出导向法也是在这期间产生的重要教学方法。这种方法更多地关注学习者的语言输出，即鼓励学习者在实际交流中使用语言，而不是仅仅在课堂上学习语言。它通过提高学习者的实际应用能力来提升语言水平，强调的不仅是知识的掌握，更是语言实际使用的能力。

"激创法"则是一种更加注重创新和学习者主动性的教学方法。它倡导在教学中引入更多的创造性活动和思考，鼓励学习者通过各种创新的方式来学习汉语，以增加学习的趣味性和实用性。

在这一阶段，国际中文教学也受到了"后方法理论"的影响。后方法理论反对一成不变的教学方法，主张应根据特定的教学环境、学习者的需要，灵活地调整教学策略。这种理论强调教师的自主性和创造性，认为没有通用的"最佳"教学方法，每个教学环境都是独特的，应该根据具体情况灵活应用不同的教学策略。这一理念深刻影响了国际中文教学，促使教师和教育机构更加注重学习者的个性化需求和实际能力的培养，从而对传统教学模式进行创新和调整。

此外，科技进步也明显影响了这一阶段的国际中文教学。网络和数字媒体的广泛应用提供了一个新的平台，用于在线课程的教学、互动软件的教学、虚拟现实的教学。这些技术不仅增加了学习的灵活性和可访问性，也为教学方法带来了更多的创新可能性。例如，通过在线交流和合作学习，学习者可以在全球范围内进行实时交流，从而增强了学习的实际应用性和文化交流的深度。

从总体上看，21世纪初的国际中文教学呈现出多元化和创新性的特征。在这一时期，教学不再局限于传统的课堂教学模式，而是融入了越来越多的文化元素、技术手段和学习者个性化的需求。这些变化为今后的国际中文教学工作开拓了新的思路，同时促进了教学效果。

（三）反思与展望

1. 反思

在外语/第二语言教学研究领域，长期以来，研究者和实践者致力于探索最高效的教学策略。语法翻译法、听说法、直接法等教学法，对世界范围内的第二语言教育产生了显著影响。随着时间的推移，人们开始认识到教学实践的复杂性，意识到没有一种方法能完全适应所有教学场景。在这个过程中，出现了后方法时代教学理念。人们普遍认为斯特恩从三个方面对第二语言教学进行的阐释，是后方法理论的初步体现，即通过语言内部与跨语言研究、分析语言一经验学习，以及显性语言与隐性语言研究，强调教师将个人经验转化为教学理念的重要性。普拉布（Prabhu）提出的不存在最佳教学方法的观点，以及欧莱特提出的"方法论之死"观念，都被认为是后方法时代理论发展的重要标志。库玛在 1994 年首次明确提出了后方法的概念，并在其著作《理解语言教学：从方法到后方法》中对这一理念进行了全面阐述。作为该理论的先驱，库玛强调教师的自主性，主张教师应超越传统的教育模式，采取灵活、独立和自主的教学方式。他的后方法理念以特定性、实用性和可能性为核心。

在语言教学进入后方法时代这样的背景之下，通过反思回顾国际中文教学的发展历程，我们认为，国际中文教学的挑战与机遇并存，主要表现在三个方面。第一，国际中文教学长期以来受到西方第二语言教学的影响，缺乏符合汉语教学和学习规律的教学理论。在当今的国外第二语言教学领域，出现了人们广为接受的、能够引领学科发展的权威理论体系，如"5C 欧洲框架"等，促进了教学的发展。而汉语教学领域则缺乏理论的引领，教学活动较为随意和盲目，这为刚刚进入中文教学领域的教师带来极大的挑战。第二，后方法时代的国际中文教学不能刚从自上而下的理论构建体系中解放出来就进入无方法的时代，而是给予中文教学工作者更为广阔的空间去寻找科学理论的支撑。综合来讲，我们可以从学习国外先进的第二语言教育教学理念、梳理总结回顾汉语教学的典型实践经验以及经典教学理论与方法、发展自己的汉语教学理论体系这三个方面来建立科学有效的理论与方法。第三，当前的汉语教学要实现内涵式发展，面对重要发展机遇，需要发展更为科学系统、符合汉语教学规律的理论体系，引领学科的发展未来。中文教育研究者应该把握后方法时代语言教学的理念精髓，着力进行新时代中文教学理论的构建与实践。

2. 展望

后方法时代的教学创新核心体现在三个方面：首先是将实际教学作为经验积累的主要渠道；其次，学习过程和学习者的需求被置于中心位置，强调学习者的主动性；最后，教学方法的创新强调教师的主导作用，特别是教学方法的个性化调整。

（1）教学经验的积累以实际教学为基础

在现代语言教学领域，创新教法往往起源于具体的教学实践，教师要通过实验和实施不同的教学策略来丰富自己的经验库。这些实践经验经过实施、评估、反思和修正，逐渐转化为理论知识，从而为教学方法提供理论支持。特别对于初入行的教师，通过课后反思和经验分享，帮助他们在教学理论与实践之间建立联系，从而推动教学理论的革新。

（2）重视学习者的自主性和学习过程

在后方法时代，教学创新强调以学习者为中心、以学习过程为导向的教学策略，强调的是语言应用实践，满足学习者的实际需要。这种方式不仅能够激发学习者的学习兴趣和动力，还能帮助他们发现最适合自己的学习方式，从而提高学习效率。在数字时代背景下，学习者的主动性得到了增强，教育模式也因此更加注重个性化和互动性。

（3）教师的作用与教学法的个性化调整

教师在教学创新过程中，需要不断地调整和优化教学策略。在这个过程中，教师的独立性和创新性被大力提倡，从而使教学方法表现出灵活性和多样性。在面对不同学习环境和学习者需求时，教师需要根据学习者的具体情况实施适宜的教学策略，实现教育的个性化。同时，他们也需要依据学习者的能力和需求提供即时的、有针对性的反馈，以及探索适应新教育趋势的教学方法。

三、国际中文教育"表达驱动"教学理论

（一）由来

1. 提出的背景

"表达驱动"教学理论的产生是在天津师范大学国际中文教学近 40 年的

发展历程中不断凝练和总结的，是源于实践教学经验的理论总结。天津师范大学中文教学的发展展现了该校长期以来对中文教学质量的不断追求。通过积极探索和实践，该校已建立起一套行之有效的中文教学体系，可为全球范围内的中文学习者提供优质教育。在这个过程中，钟英华教授对"表达驱动"教学理论的提出有着长期的实践基础，为教学改革注入了新的活力。笔者采用访谈法（见附录A）进行实证研究，通过采访几位见证国际教育交流学院中文教学发展的教师，深入了解各个发展时期教学中的挑战、创新和成功实践，进一步验证"表达驱动"教学理论的缘起，以及教学发展的特点和趋势。

天津师范大学作为我国重要的国际中文教学基地之一，一直致力于国际中文教育的理论研究与实践探索。在长期的发展中，该校不仅积累了一系列丰富的教学经验，而且办学成绩显著。首先，国际中文教学的发展与其历史沿革密切相关。学校始终坚持以学习者为本，优化课程设置、创新教学方式，不仅体现了学校对国际中文教育发展趋势的准确把握，也展示了其对未来教育教学趋势的敏锐洞察力。其次，在发展过程中，学校始终重视教学理论与实践的结合，通过与国内外专家学者的交流合作，不断吸取先进的教学理念，推动教学改革。例如，学校邀请国内外知名学者分享最新研究成果，积极开展各类学术研讨、讲习班、工作坊等活动，促进教师队伍的专业成长和教学质量的提高。汉语实况听力教学是该校的一大特色。国际中文教学专家对实况听力教学给予了充分肯定和高度评价。2004年，马箭飞在《语言教学与研究》上发表《汉语教学的模式化研究初论》一文，指出汉语实况听力教学是一种新的教学模式，既可以培养学习者接受真实信息的能力，又可以满足学习者将汉语直接用于生活的实际需求。此外，天津师范大学汉语教学的发展还体现在对学习者个性化、差异化教学的探索上。学校注重设计有针对性的教学方案，充分了解学习者的需求，并根据学习者的语言水平、学习兴趣、文化背景等因素进行综合考虑。例如，学校设置了不同的教学班级，采取小班授课制，从而满足了不同层次学习者的学习需要。同时，学校还提供了丰富的选修课程，使学习者能够根据自己的兴趣爱好和职业规划进行有针对性的选择。

通过访谈多位见证了学校发展历程的资深教师，我们了解了学校在国际中文教育领域的教学理念和特点，主要体现在以下几个方面：一是教学实践和理论研究并重。学校在教学实践中不断总结经验，并将其上升为理论，再进行教学实践。在理论的指导下，形成一种良性循环的实践发展模式。二是注重教学方式的多样化。学校灵活运用多种教学手段，如角色扮演、情景模拟等，提高教学的针对性和实效性。三是强调语言学习的实践性。学校注重培养学习者在模拟真实环境中进行语言交际，以达到语言运用的能力。四是坚持文化传承和创新。学校在教学过程中既注重教授语言知识，又注重学习者文化意识的培养和跨文化交际能力的培养，使学习者对不同文化都能了解和尊重。五是积极开展对外交流与广泛合作。学校与多所国际大学建立了合作关系，为学习者提供了广泛的交流平台和学习实践的机会。

天津师范大学国际中文教育的教学特点和发展模式，不仅在学校内部取得了显著的成效，也为国际中文教育领域提供了宝贵的经验和参考。通过总结、凝练和提升这些教学理念和实践，钟英华教授提出"表达驱动"教学理论，在后方法时代为进一步推动国际中文教育的发展提供重要的理论支撑和实践指导。

2. 学理思考

（1）语言学

一是语言产生、发展的基本规律。人类语言的形成与进化历来是一个引人注目的研究主题。涉及此领域的专家，如语言学家、心理学家、人类学家、传播学家和文化人类学家等，一直在对这一主题进行深入的研究和讨论。关于语言起源的理论有很多，有建立在情感反应基础上的"感叹说"，建立在劳动活动基础上的"劳动吆喝说"，建立在庆典活动基础上的"唱歌说"，建立在合作劳动基础上的"劳动说"等。这些观点虽然各有侧重，但共同揭示了一个核心原理，即语言本质上是对思想和意念的内涵的表达，语言形式是对内涵的反思和概括。因此，在学习语言时，首先要关注和重视其表达思想和意念的本质。

二是语言的交际性目的。"表达驱动"教学理论倡导"说真正想说的话，写真正想写的文字"，本质上是依靠学习者的自我表达需求和目的来激发他们学习中文的动力。这一教学理论的语言学基础已在社会语言学领域根深蒂固。通过观察语言学的发展路径，我们可以看到，语言学研究的重心已从语言的结构形态转向其功能性应用。在过去三十年中，这种趋势导致了社会语言学的重要性日益增加，同时也促进了国际中文教学理念的不断更新。其中，"表达驱动"教学理论的形成，正是社会语言学与认知理论结合的产物。社会语言学家海姆斯（Hymes）提出了"交际能力"的概念，这一概念不仅涉及能否正确使用语法，还关注在特定语境中恰当使用语言的能力。"表达驱动"教学的重点在于满足学习者在特定情境下的实际表达需求，强调将语言学习与实际应用相结合。在社会语言学的众多子领域中，语用学尤其关注语境、文化与语言之间的相互作用。这与国际中文教学的目标相契合，即在课堂教学中不仅传授语音、语法和词汇，还要解决面对不同情境、对不同对象如何适当表达的问题。学习者在学习过程中被置于真实的语境中，通过全面而准确地理解语句含义，提升他们的语言产出质量。因此，在"表达驱动"教学理论的引导下，国际中文教学能够有效地提升学习者的语言表达能力，使其更规范、更得体、更地道。

三是"语言"和"言语"。结构主义的代表人物索绪尔（Saussure）在《普通语言学教程》一书中区分了"语言"与"言语"这两个概念。他将"语言"界定为一套被社会广泛认可、用于交流和思考的符号系统，而"言语"则是个人在日常生活中的语言应用实践，两者关系密切。首先，个人的语言表达构成了语言的基础，言语的缺失意味着语言的不存在。任何语言，包括中文，其根基均源于个人的言语。当言语发展到一定阶段，经过社会的广泛认可，言语就形成语言。简而言之，语言是经过整理和归纳的言语，反映了从具体实践到普遍认知的过程。其次，言语的表现形式是多样的，不是所有的言语都能被全社会所理解和接受。例如，现代年轻人常用的网络缩略语在特定群体中可能广为人知，但在更广泛的社会环境中可能会导致误解或无法被理解。理解"语言"和"言语"的区别至关重要。言语是主导和目的，而语言则是实现这一目的的工具。在教学过程中，我们不能只盯着语言本身，而应该将重点放在语言文字的实际运用上。钟英华也提出，无论是研究语言还是学习语言，关键在于从言语出发。特别是在第二语言习得过程中，应首先从言语实践入手，将语言规则学习融入实践，转化为实际的语言运用能力。杨薇进一步指出，第二语言习得应在真实的运用场景和跨文化实践中进行，从而实现从言语到语言，再回到言语的学习过程。这些理念都为"表达驱动"教学理论的提出提供了坚实的基础。

（2）语言习得理论

在第二语言习得的理论框架中，"输入"和"输出"的概念起着至关重要的作用。"输入"（input）是指学习者接收到的语言材料，如听力和阅读材料，而"输出"（output）则是指学习者的口头表达或书面表达。这两个概念在研究第二语言学习时普遍受到重视。在外语教学领域，管理语言输入与输出的信息加工理论系统是关键挑战之一。语言输入的概念经历了从"可理解的输入"到"受关注的输入"，再到"输入的加工处理"的演进。行为主义和认知主义理论分别关注外在的环境因素和学习者内部的认知过程对语言输入的作用。克拉申的"输入假说"强调"可理解输入"的重要性，而朗的"互动假说"则提出在第二语言学习中，语言会调整扮演的角色。施密特的"注意假说"认为，只有学习者有意识地把注意力集中在语言输入上，才能把"输入"转化为"摄入"。麦克劳林的"信息加工"理论则将学习视为信息的自动化加工过程，符合学习者认知技能的发展。安德森将陈述性和程序性知识区分开来，强调将前者通过实践转化为后者。

比尔·范帕滕的"输入加工模型"反对仅通过理解输入就能实现的习得观点，强调建立语言形式和意义的联系，促进全面的语言学习。这些理论的发展表明，语言输入不仅仅是被动接收，而是需要学习者主动参与和加工处理的动态过程。斯温重新界定了"输出"是语言学习过程的一部分，而不仅仅是学习结果。他引入了"言语化"这一概念来强调输出在认知过程中的作用，并将其视为连接思维、意义和认知的关键工具。通过口头和书面语言活动，个体在认知和情感层面得到发展，这一发展是在与社会和文化互动的过程中实现的。输入假说和输出假说共同推动第二语言习得理论的发展，为理解和探讨"输入"和"输出"在语言习得中的相互关系提供了坚实的依据。因此，"表达驱动"教学理论强调"输入"与"输出"的强对应关系。只有对输出有预设，可调控的"输入"的选择才会有依据，从而提高输出表达的效率。

（3）心理学理论

从 20 世纪 80 年代开始，心理学对语言教学的影响十分显著，这是由沟通目标驱动的。"表达驱动"教学理论根植于动机自我决定理论（SDT），即关注人的行为自愿性和自主性。自我决定理论不同于其他理论，认为动机是从无动机到外因再到内因的连续体，并根据个体的自我感觉和外因的融合度，将外因细分为外部调节、内摄调节、认同调节、整合调节等类型。其中，外部调节与内摄调节被视为受控动机，而认同调节与整合调节则趋向自主动力。

语言教学涉及语言能力的显现。因此，在教学过程中，表述内容要与学习者的兴趣爱好、接受意愿相一致；表达环境要平等、宽松，既要有利于充分的表达，又要有利于学习者主体性的体现；对学习者来说，表达的作用是有益处的，是符合学习者学习需要的。因此，创设合适的课堂情境和开发表现性评价工具对于激发学习者的自主学习至关重要，这与传统的灌输式第二语言教学方法形成了鲜明对比。

（二）内涵

"表达驱动"教学理论的产生源于在语言产生的内在机制和第二语言学习者的学习规律之间建立科学的联系。

杨薇、石高峰、钟英华首次提出了"表达驱动"理论在国际中文教学中的价值和基本含义，认为语言表达的动机能够牵引出语言输出的有针对性的语言实践，使语言学习者获得语言的表达动机，是洞察语言获得内在规律、回溯语言实践有效路径的参考。在这一过程中，要促进语言获得的直接对应性，理解和掌握语言的形成过程，就需要遵循"学做合一"的教学思路。

钟英华、励智、丁兰舒分析了语言的产生和发展的历史过程，在梳理"输入"和"输出"假设基础上，关联"语言"和"言语"的关系，提出"表达驱动"国际中文教学理念，并对这一理念的内涵进行解释：以学习者的真正需求为学习驱动；输出表达的内容决定了提供的输入内容，有针对性的输入对目的性产出和提高输出表达效率有帮助；"言语"是否地道输入，直接决定了是否能够进行地道表达。关于"表达驱动"理论的基本阐释见表2.2。

表2.2　关于"表达驱动"理论的基本阐释

理论基础	针对问题	主要观点
语言产生发展的基本规律	以何驱动表达	以学习者的真正需求有效驱动表达
"输入""输出"假设	如何高效实现表达	以关联"输入"与"输出"高效实现表达
"语言""言语"理论	如何实现地道表达	以地道"言语"的输入实现地道表达

资料来源：钟英华、励智、丁兰舒：《"表达驱动"教学理念与国际中文教学资源建设》，《天津师范大学学报（社会科学版）》，2022年第6期。

钟英华、于泓珊、杨薇清晰地阐明了"表达驱动"教学理论产生的背景，认为其遵循语言习得的基本客观规律，打破了第二语言习得领域认知派与社会派简单的排斥对立，重视二者各自的科学认识和二者之间的有机联系，提出应该辩证地认识语言获得过程的现实问题，秉持辩证统一的新视野和新方向，支持"从实践到认识再到实践"的科学认识论，深入探究"从言语到语言再到言语"的教学范式。同时，他们指出语言教学的原则是坚持以"表达驱动"为牵引的整体设计；坚持尊重言语系统的差异性区分，尊重听决定说、读决定写的规律性认识；坚持直接性、真实性的实践语言获得过程；坚持语言的获得路径是"从言语到语言再到言语"。李东伟、刘修缘、钟英华提出了这一教学理论的逻辑起点、典型特征和外在形式，并指出了提升学习者汉语水平的具体路径：重视学习者的学习需求，注重改进教学方法，创新评价方法，这是当前国际中文教学工作的一个重要方向。

基于此，我们认为，"表达驱动"教学理论的教学目的是让学习者能够主动、有内容、有实践、有应用地学习，"做学一体""做学合一"。学习者的语言能力是在整体的、真实的听说和读写实践中得到提升的，需要学习者自主参与。其中，从听到说、从读到写的实践为促发性实践，是促进语言表达从无到有的必经之路。

（三）与相关教学法的比较

探求"表达驱动"教学理论的核心，促进第二语言习得者的语言发展，需要用对比的生态视角，将国际中文教育相关教学方法进行比较，从而进一步厘清"表达驱动"教学理论。

1. 以语言内容作为重要显性特征的教学法

以语言内容作为重要显性特征的教学法有：内容依托教学法（Content-Based Instruction，CBI）、内容语言融合式学习（Content and Language Integrated Learning，CLIL）、内容语言融合教育理念（Content and Language Integration，CLI）等。

内容依托教学法最初源自加拿大在 20 世纪 60 年代进行的"浸入式教学实验"，这种方法在实践中深化发展，强调在教学中将语言学习与学科内容相结合。这种教学方法不仅侧重于传授语言本身的知识，而且将知识融入学科内容，使之成为学习语言的工具。这种方式既增强了学习者的语言技能，又帮助学习者学习了学科知识。内容依托教学法平衡了语言和内容的重要性，避免了教师和学习者在教学过程中因过度关注语言知识，而忽略了语言综合应用能力发展的问题。内容语言融合式学习则是基于"交际能力"理论和"功能语言学"理论而形成的教学理念。这种教学模式改变了传统的外语教学方法，采用了将语言教学与学科内容教学相结合的方式，同时促进学习者的专业知识学习能力和语言能力发展。内容语言融合教育理念强调内容与语言的融合教学，这一理念是语言教育理念和学科内容教育理念的创新性融合。内容语言融合并不是仅仅学习一门语言，而是将注意力集中在内容和外语的融合学习上，使两者相互促进，达到比单学外语或单学学科内容之和更大的学习效果。

上述教学法主张既要掌握语言又要学习学科知识，在学习学科知识的过程中运用语言；强调学科内容与语言知识的有机融合，从而使内容的学习有效地带动语言的学习。这是一种以内容学习为主的"内容驱动型"语言教学模式，摒弃了传统的以传授语言本身为核心理念的"语言驱动型"教学方式，可以帮助学习者获得语言交际技能的提升。

2. 以语言学习成果作为重要显性特征的教学法

以语言学习成果作为重要显性特征的教学法有：任务教学法（Task-Based Language Teaching，TBLT）、产出导向法（Production-Oriented Approach，POA）等。

任务教学法是近二十年来被广泛接纳的外语教学理论，通过完成一系列具体设计的"任务"来实现课堂社会化的进程，主张把语言的运用作为课堂教学的主要环节，实现语言教学向生活的转化。产出导向法是文秋芳于2008年提出的针对英语教学课堂变革的外语教学新理念，一经提出，就产生了很大的反响，其最初由"输出驱动假设"发展而来，认为输出相对于输入有更重要的作用。2014年，"输出驱动假设"升级为"输出驱动—输入促成假设"。这就进一步明确了输入和输出的关系，认为输出是动机和目标，而输入促进了这一结果。因此，产出不仅是结果，更重要的是过程。

以上以语言学习成果为重要显性特征的教学法解决了"学用分离"的问题，实现了可视的语言学习成果，但在具体的实施过程中出现了一些问题。在目的语学习的环境下进行任务型的教学比较适合。产出导向法驱动的手段和评价的方式主要是通过外在的调节，缺乏对学习者表达心理机制的内在调节的精细化描述、关注与研究。

"表达驱动"教学理论强调语言的交际功能特征，将语言的习得与语言的使用融为一体，注重学习者的内在心理机制的调整。这使学习者置身于一种将个人情感融入学习活动的环境之中。在这一情境下，学习者不再只是机械地完成教师分配的作业，而能够接触更广泛的学习机会，挑选最具有吸引力和挑战性的学习项目，从而提高自主学习语言的能力。

（四）实践研究

杨薇、石高峰、钟英华将"表达驱动"教学理论下的戏剧形式的教学应用于国际中文教学，是言语实践的有效方式。其内容包含剧本文本的创作与改编，表演角色的配音和表演。体演活动都将文字表达与话语表达作为重要的中介，基于学习者的需求和语言水平，借助现代多媒体技术资源，在"听说""读写"这两个相对独立的不均衡系统之上，设计"（视）听说"和"（视）读写"的教学流程，真正实现"做学一体"。基于"表达驱动"教学理论的戏剧形式教学程序框架见表2.3。

表 2.3　基于"表达驱动"教学理论的戏剧形式教学程序框架

	话语驱动	文字驱动
表达驱动	设定成果目标，如影视 / 戏剧 / 动画片段的配音、改编、表演等	设定成果目标，如改编或根据相关素材创作剧本
选择输入	观看（视听）影视 / 戏剧作品 提供适当的词汇 / 语法辅助	阅读真实语料素材，提供适当的 词汇 / 语法辅助
互动体验	师生之间的互动协商 课外自主学习与集体协商 合作排练活动等	师生之间的互动协商 延伸到课外的剧本改编 / 创作活动等

续表

	话语驱动	文字驱动
成果产出	配音、配音+表演、小品/短剧表演等	形成相对成熟的剧本 根据创作的剧本进行表演
反思评价	反馈、反思与改进	反馈、反思与改进

资料来源：杨薇、石高峰、钟英华：《"表达驱动"教学理念与戏剧形式国际中文教学实践》，《汉语学习》，2022年第3期。

在数智技术时代，"表达驱动"教学理论如何与数智化教学更好地契合，从而实现提质增效？李建涛、孔明、钟英华将新技术与"表达驱动"教学理论相结合，探索国际中文教学以学习者为中心的教学设计，强调"听说"与"读写"的绝对不均衡与相对平衡，突出互动式教学"做学合一""做学一体"的要诀。他们将"刺激—互动—输出"的认识论应用于智能化教学的"场景（话题）选择—任务布置—互动体验—评价"教学流程（见图2.6），以Second Life 和 ChatGPT-4 为应用场景，提出在语言的实践运用中，进行内心

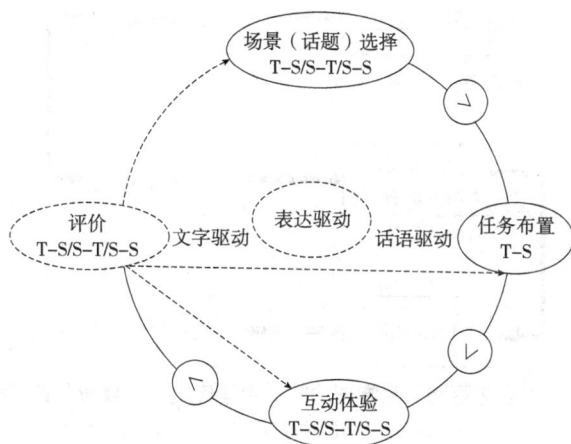

图2.6 "表达驱动"教学理论的基本教学流程

注：T 和 S 分别代表老师和学习者，其中 T-S 表示由老师发起的互动，S-T 表示由学习者向老师发起的互动，S-S 表示学习者和学习者之间的互动。

资料来源：李建涛、孔明、钟英华：《"表达驱动"教学理论在数智技术赋能国际中文教学中的设计探讨——以 Second Life 和 ChatGPT-4 为例》，《河南大学学报（社会科学版）》，2023年第63卷第6期。

意图表达，实现语言形式和内容的统一。其中，Second Life 为学习者营造了真实的交际场景，使学习者借助语音和文字等功能，大力提升语言话语和文字话语的表达技能。ChatGPT-4 通过多轮对话和多层次对话，满足学习者多种表达需求，并用加入好友这一显性学习助手，增强了学习者自主学习中文的动机。在数智化教学场景下，学习者真正成为"戏中人""话中人""文中人"。

在文化课的教学方面，钟英华、于泓珊、杨薇提出了"引入主题—表达驱动—选择输入—互动体验（调整型输出）—目标输出—反思评价"的教学全流程（见图 2.7），将"表达驱动"融于"中华传统文化精粹"的课程之中，并将其成果目标设定为：撰写短剧剧本、拍摄短视频、短剧表演展示、制作多媒体课件、与同学互动提问。这些实践活动在文字表达和话语表达的驱动下，通过有针对性的"真言真语"语料输入和多模态输入，并在过程中伴随生生互动和师生互动，从而帮助学习者实现高效输出。

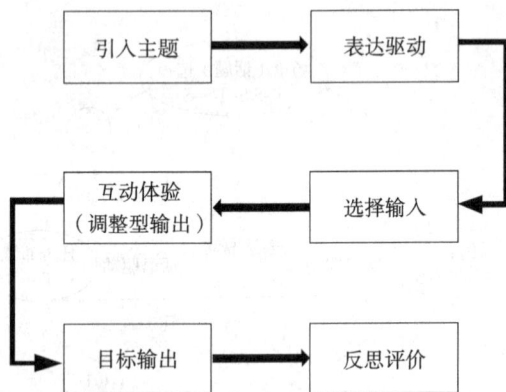

图 2.7　基于"表达驱动"教学理论的"中华传统文化精粹"课程教学程序

资料来源：钟英华、于泓珊、杨薇：《国际中文教育"表达驱动"教学理论与实践》，《世界汉学》，2023 年第 37 卷第 3 期。

在教学资源和教学内容的选择方面，钟英华、励智、丁兰舒指出，要进行有真实表达需求的教学资源建设，要建设多模态针对性输入，要多选、精选真实的言语材料。在教育方法的改革中，他们强调教师在"引导听和读"方面的作用，通过扮演"引导学习和应用"的角色来引领学习者进行有目的的表述。这一过程遵循"以练习为核心，注重精讲和频繁练习，抓住时机正确引导表达"的教学理念。在教学评价方式方面，重视语言、形式、功能及语境之间的综合联系，以实际语言应用为中心，通过监测表达的过程和交流的成效，实施一种过程评价和成果评价相融合的策略。行玉华尝试将"表达驱动"教学理论运用于"理解当代中国"课程的教材体系，提出了国际中文系列教材应用实践体系的具体内容。

在具体的教学实践方面，姜思佳针对巴拿马华裔儿童在中级汉语教学中存在的问题，将"表达驱动"教学理论运用于综合汉语课的教学中，激发了学习者的学习兴趣，增加了他们言语输出的机会；张琳将其运用到商务汉语教学实践当中，反思这一理论的不足之处并提出要输入真实材料、重视学习者学习需求等建议。

以上基于"表达驱动"教学理论的实践探索显示，要坚持语言学的基本原则，强调听力与口语、阅读与写作技能之间的相对平衡及其固有的不平衡性。同时，强调将文化元素融入教学是该教学理念的一个关键组成部分。在教学流程的设计中强调了"输入""输出"的一致性，以及互动和评价在其中起到的关键作用。只有真实的言语交际实践活动，才能让表达得到真实的运用和反馈，提升语言教学的效果。

综上所述，本书将"表达驱动"教学流程中的"互动协商"环节进行细分，分为沉浸体验、互动协商和体演调节三个步骤，其中沉浸体验突出学习者的初步语言学习体验，体演调节则是具身认知理论下学习者进行的深度语言学习体验。因此，基于"表达驱动"教学理论的教学模式可以称为"七步"教学模式，即表达需求、表达输入、沉浸体验、互动协商、体演调节、表达输出、表达评价。

四、读写教学研究现状

（一）外语读写教学研究

传统上，外语教学常将阅读与写作分开，写作课程很少强调阅读的重要性。这种分隔的方法导致了教学成效不理想，学习者在写作表现上经常未能达到预期标准。实际上，阅读与写作是互相依存的关系。法德（Fader）与麦克尼尔（McNeil）的研究表明，从 20 世纪 60 年代开始，对于把英语作为母语的人来说，阅读的广度和深度与写作能力之间存在密切的关系，这为英语教育提供了新的指引。

从 20 世纪 80 年代开始，关于阅读与写作相结合的研究逐渐增多。研究人员通过对比分析和深入研究，发现这两个过程有很多共同点，并且彼此影响深远。库塞（Kucer）从认知科学的视角出发，强调了阅读与写作在四个核心认知层面上的共性：利用已有知识建构意义、大脑对信息的接收、知识向文本世界的转化，以及类似的语言处理技能。弗勒德（Flood）与拉普（Lapp）在 1987 年把写作的基本单位——字母、单词、句子和段落——视作构筑文本的基石，突出了在解读含义方面，作者与读者之间的共通之处。

布雷斯韦尔（Bracewell）和弗雷德里克森（Frederiksen）提出，要想成为一名优秀的作者，首先需要是一名优秀的读者，他们认为写作与阅读能力的高度以及思考能力的复杂性有关。斯托茨基（Stotsky）还发现，写作能力强的人在阅读方面通常也比较优秀，同样地，阅读能力强的人在写作的时候，对于词汇的选择和句法的组织也较为娴熟。阅读是为写作进行经验的积累。赫薇拉（Hirvela）对阅读和写作的关系进行了清晰的介绍，提出了先读后写的范本。阅读和写作分别被看作解码和编码的过程，两者是紧密联系在一起的：通过阅读获取知识，并通过写作理解和学习这些知识。

随着读写互动性原则获得广泛认可，"读写互促"成为学术领域日益关注的主题。不同学科的专家和学者提出了各种"读写互促"的定义。斯派维（Spivey）从建构主义角度看待阅读和写作，将其视为意义构建的过程。在这个过程中，学习者先是在心中形成规划，随后在大脑的认知框架引导下搜集信息，并运用已有知识进行推理，最终形成并表达自己的见解，这构成了"读写互促"模式的核心。斯坦因（Stein）提出了一种适用于第一语言学习情境的"读写互促"模型，涉及监测、解释、组织、计划等阶段。菲茨杰拉德（Fitzgerald）与沙纳汉（Shanahan）从教学和理论两方面阐释了"读写互促"，认为教学层面上是指结合阅读与写作以提升教学成效，理论层面则关注学习者在完成写作任务时展现的内在技能和素质。尽管学者们的视角各异，但他们达成了共识，即在写作教学中实施"读写互促"是一种通过鼓励阅读获取有用信息和经验，进而增强写作技能和成效的教学方法。这一方法的效果也在众多实证研究中得到了验证。沙纳汉和洛马克斯（Lomax）的研究显示，融合阅读与写作的教学策略在提升写作技能方面尤为有效。曾（Tsang）的对比研究分析了在外语学习环境下结合阅读和写作教学与单一写作教学的成效，发现前者在增进描述性写作技能方面更为有效。

伊斯梅利（Esmaeili）的研究表明，学习者在处理与阅读内容主题紧密相关的写作任务时，不仅能够更加娴熟地运用写作技巧，还能更加出色地完成这一任务。同样，吉村（Yoshimura）的比较研究发现，受阅读技巧训练的学习者在写作时对文本更加关注，能够更有效地融合阅读与写作的过程，从而取得更好的成绩。国外学者的研究表明，阅读与写作的融会贯通对学习者的影响是积极的，这种有效性已逐渐得到认可和验证。

中国学者在探讨"读写互补"这一概念时，主要着眼于读写衔接的紧密程度。如谢薇娜研究阅读与写作的关系，通过对学习者英语专业四级成绩的分析，发现两者之间存在着紧密的联系。她认为，阅读是对写作的一种模仿，反之亦然，两者相辅相成，不应分开教学。她强调，不管是阅读还是写作，都涉及预存于大脑中的记忆结构，需要学习者对文本结构进行分析和解读，同时进行理解和创造。此外，马广惠和文秋芳的研究显示，从阅读材料中提炼出对写作有用的词汇和信息，将有助于阅读能力较强的学习者提高学习的效率。他们指出，英语词汇的选择和运用对写作能力的影响是显著的：词汇量越大、写作内容越丰富、表达的主旨和思想越充分，文章的质量也就越高。王蕾还特别强调研究中阅读与写作的互动性，指出阅读可以给学习者提供写作的模板，对提高学习者的写作水平有一定的帮助。从阅读中获取的结构化信息对写作尤为关键，有助于写作的顺利进行。张省林认为读写是互动的过程：阅读时需要站在作者的角度去理解内容；行文时要站在阅卷者的立场，对文章的构架进行思考。他提出的读写互动模式，在一定程度上提升了学习者的写作能力。从整体上看，阅读是写作的根本，阅读的各个环节，从词汇、结构到主题，均夯实了写作的根基。同时，写作对阅读的强化作用表现在促进理解能力的提升和知识的深度内化。

（二）语文读写教学研究

"读书破万卷，下笔如有神"，把读写结合起来，这是我国语文界一直提倡的一种教育思想。自 1963 年以来，语文教育专家丁有宽一直在实践阅读和写作的一体化教学方法，他主张，语文教学应侧重于阅读和写作的互动关系，通过系统的训练来提高学习者的综合语言能力。在研究读写结合的策略时，钱梦龙提出了包括模仿、改编、参考、创新及批评分析等多个阶段的"连锁过程"理论。刘永斋则定义了三种读写结合练习形式：仿写、评论和感悟（即读后感）。

在学术研究中，许多优秀的硕博论文也探讨了读写结合法在语文教学中的应用。朱建军分析了中外语言教学中"读写结合"的研究，提出了新的观点。金毅从心理学角度分析了学习者的阅读和写作规律，为不同的教学策略提供了理论支持。祁寿华认为写作是阅读过程的一部分。从查阅资料、构思到最终成稿，都反映了作者阅读的过程。阅读与写作互为补充、相辅相成，形成了一个整体。在教学中，应当引导学习者进行深入思考和积极表达，以促进他们的语言技能发展。

综合来看，读写结合法已成为我国语文界研究和应用的一个重要领域。尽管语文教育和国际中文教学在教学难点和对象上有所不同，但它们都围绕汉语教学展开，彼此之间的教学方法可以互相借鉴和参考。

（三）国际中文读写教学研究

随着中文在全球广泛传播，中文教学领域迅速扩展，国际中文教学研究逐渐变得多元化和精细化，关于整合阅读和写作的研究也同样取得了进展。张慧君认为，在中文阅读和写作课程中，词汇教学应包括展示、解释和练习三个阶段。徐承伟调研了现行的中文阅读和写作教学法，分析了这两方面的教学现状，并强调了发展一体化读写模式的重要性和紧迫性。李海鸥在研究初级中文阅读与写作课程时，将教学策略和实施方案概括为传递新知识和指导学习者进行实践操作这两个基本类型。

教师在课堂上设计的教学方法旨在引领学习者学习汉语知识，并提升他们的读写技能。岳维善引入了快速教学法，通过课堂中精心设计的环节促进学习者掌握中文知识，提升阅读写作能力，特别是采用组块学习法进行汉字教学，使学习者能在较短时间内阅读更多汉字。同时，他还强调了对学习者阅读理解和汉字书写技能的双重培养。孙多翠分享了她在初级汉语阅读和写作教学中的经验，主要讨论了三个教学问题：如何有效开展首课，如何培养学习者对汉字书写的感觉，以及如何布置作业。通过分析一个学期的学习成果，她认为教学是教师教导与学习者学习相结合的过程，应建立良好的师生互动关系。在教学中，教师应积极激发学习者的主动学习精神，并采用多样的教学方法。

田然在《读写教学方法与技巧》一书中全面阐述了阅读和写作相结合的教学策略、理论依据、教学准则及练习方法。书中强调了以"读激发写""读写一体化"为核心的写作训练模式，并针对学习者的不同学习阶段以及不同文体的写作，提出了多样的练习方法，如文章的扩展、精简、模仿等。另外，宁陈陈的研究中对写作过程进行了分阶段划分：准备写作、写作过程、修订阶段，并提出在准备写作阶段通过阅读激发写作意愿的指导策略。在阅读环节，教师指导学习者深入理解和体验中文写作技巧及相关主题的语言资源，比如精妙的句式和匹配得体的词汇，以此来降低学习者受母语思维的影响，并鼓励他们用中文思维来进行写作。王峰建议阅读与写作的初级阶段课程以"练"为主，阅读与写作的中级、高级阶段课程以阅读活动为主，提出在传统形式上要有所创新，教师在不同的层次阶段要采取不同的训练方法和模式。

尽管学者对于阅读和写作关系的研究成果众多，但对于国际中文教学的研究仍处于起步阶段，并没有可参考的成熟经验。对于国际中文读写教学的研究仍需要新的教育教学理论的指导，需要我们去探究有效的教学方式和路径。

自钟英华教授带领天津师范大学团队在2022年提出"表达驱动"教学理论后，该理论和相关的实践研究不断深入发展。但毕竟相关研究尚处于起步阶段，还没有形成具体的教学模式和可操作的教学设计模型，不能将理论高效地转化为实践。本研究依据"表达驱动"教学理论，将阅读和写作课整合为读写课，并将这一理论应用于读写教学。我们在实践中把行动研究作为主要的研究方法，通过探究有效策略，验证读写教学实践的有效性，以解决读写教学"学用分离"的实际问题。

对此，我们展开了两轮教学行动研究，并回答了以下几个问题：

第一，如何将"表达驱动"教学理论运用到读写教学中，具体的教学流程是什么？

第二，将"表达驱动"教学理论运用于读写教学实践的关注点是什么？

第三，将"表达驱动"教学理论应用于国际中文读写教学的效果如何？能否解决传统"学用分离"的教学桎梏？

我们将充分地参与教学实践，把"表达驱动"教学理论应用于读写教学的思维路径具象化，使理论能够应用于实践，并提出教学策略，为如何实践"表达驱动"教学理论提供参考和借鉴。与此同时，我们还将检验"表达驱动"教学理论应用于读写教学实践的效果。

第三章
研究设计

本章主要介绍本研究的总体设计。首先，对"表达驱动"教学理论应用于读写课程的设计蓝图进行了总体规划。其次，以行动研究为主要研究方式和手段，对研究理据、研究背景、研究方案、采取措施等进行了梳理，确保研究的有效性。最后，对研究过程中收集数据的方法和工具进行重点介绍。

一、"表达驱动"教学理论应用于读写教学的设计

面对读写教学的现实情况，依据"表达驱动"教学理论坚持"读写一体"的相关理念，我们将"七步"教学模式应用于读写课的教学设计当中。教学模式和教学设计是宏观和微观的关系，是理论与实践的关系，是上位和下位的关系。基于"表达驱动"教学理论的"七步"教学模式，读写课教学设计的思路应该如何规划呢？

（一）教学设计思维模型

格兰特·威金斯（Grant Wiggins）和杰伊·麦克泰格（Jay McTighe）在《追求理解的教学设计》（第二版）一书中提出了逆向教学的模式。我们借鉴逆向教学设计的三个阶段[①]，尝试规划"表达驱动"教学流程，从而构建整体的教学设计流程。这也体现出了，教师要规划学习者语言学习的路径，培养学习者用说和写展示其汉语理解能力的习惯。教师备课的三个阶段分别是：确定预期表达的结果、确定合适的表达评估证据、设计学习体验和教学。备课的思维过程就是隐性的教学设计思路，三环之间紧密相连，促使"表达驱动"教学模式落地。

具体来讲，确定预期表达的结果即"表达驱动"的肇始依据，确定合适的表达评估证据即文字表达成果，设计学习体验和教学即"七步"教学环节，

---

① 逆向教学设计的三个阶段分别是：确定预期结果、确定合适的评估证据、设计学习体验和教学。参见格兰特·威金斯、杰伊·麦克泰格：《追求理解的教学设计》（第二版），华东师范大学出版社，2017年，第99至103页。

包含：表达需求（情境的创设）、阅读输入、沉浸体验、互动协商、体演调节、表达输出、表达评价。这是对"表达驱动"教学理论的"引入主题—表达驱动—选择输入—互动体验—目标输出—反思评价"的教学过程进行的细化分析。

基于以上分析，尝试构建"表达驱动"教学理论应用于读写教学的"三环七步"教学设计思维模型。三环，即确定预期表达的结果（表达驱动）、确定合适的表达评估证据（表达成果）、设计学习体验和教学（"七步教学"）。"七步"是"三环"中"设计学习体验和教学"一环的具体路径，即表达需求（情境的创设）、阅读输入、沉浸体验、互动协商、体演调节、表达输出、表达评价（如图 3.1 所示）。

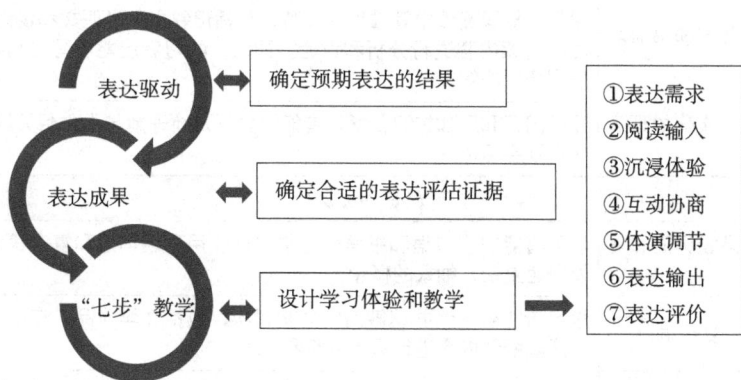

图 3.1 基于"表达驱动"教学理论的"三环七步"读写教学设计思维模型
资料来源：作者绘制。

"三环七步"读写教学设计思维模型的提出，为教师提供了读写教学实践的备课思路，将理论具化为教学实践的思维方式。

（二）目标的确定

读写教学开展的关键是根据读写学习的线性发展确定教学目标。结合《国际中文教育中文水平等级标准》（GF0025-2021），基于"表达驱动"教学理论的教学目标可从多个维度进行规划，重点在于增强学习者的语言输出能力，同时强化语言输入过程中的认知与理解。表 3.1 展现的是不同等级的具体教学目标。

表 3.1 "表达驱动"教学理论应用于读写教学的教学目标

初等（1~3级）	
理解并使用基本的汉字和词汇	学习者能够认读并书写基础词汇，包括基本的自我介绍、食物、天气等日常生活中涉及的词汇
进行简单的日常交流	学习者能够用简单的句子完成日常生活中的基本沟通，如打招呼、购物、询问时间等
理解并回应简单的读物	学习者能够阅读并理解短文、对话等初级读物，同时能够简单回应所读内容
中等（4~6级）	
扩大词汇量和语法结构	学习者通过掌握更广泛的词汇和更复杂的语法结构，能够表达更复杂的意思
提高阅读理解和书面表达能力	学习者能够阅读中等难度的文章，包括记叙文、说明文和议论文，并能就所读内容进行分析和讨论。同时，学习者应能够写出结构清晰、条理分明的短文
加深对中文文化的理解和认识	通过阅读和写作练习，学习者能够更深入地理解与中文相关的文化背景和社会习俗
高等（7~9级）	
精准使用高级词汇和复杂语法	学习者能够在口语和书面表达中准确使用高级词汇和复杂语法结构，以表达复杂、抽象的概念
分析和评论复杂材料	学习者能够阅读并理解高级中文材料，包括文学作品、专业论文等，并能就所读内容进行深入分析和评论
撰写高质量的研究和分析性文章	培养学习者撰写高质量研究报告、分析性文章的能力，包括独立研究、数据分析、批判性思考等方面

资料来源：作者绘制。

"表达驱动"教学理论应用于读写课的教学目标是，强调通过语言的实际使用来驱动学习，促使学习者在真实或接近真实的语境中使用中文进行表达和交流。通过不断的语言输出实践，配合适当的输入和反馈，学习者能够在读写能力上取得显著进步，并逐步提高其语言运用的自然性和流畅性。

（三）教学设计框架

依据教学目标，依托"三环七步"思维模型，我们将读写教学设计框架进

行了梳理（见表 3.2）。本研究将以教学设计框架为蓝本，进行单元教学的设计
与实施。

表 3.2　基于"表达驱动"教学理论的"三环七步"读写教学设计框架

三环	七步	调节机制	教学环节说明
确定预期表达的结果（表达驱动）		外部调节 内摄调节 认同调节	依据阅读主题任务群，设立实践活动、主题研讨、表演展示等多种学习式项目，明确表达动机
确定合适的表达评估证据（表达成果）		整合调节	阅读之后的可见的语言表达成果，即写的可见性成果，并以"评价标准"进行对标对表，确立成果的可视化表现评价依据
设计学习体验和教学（"七步"教学）	表达需求	外部调节 内摄调节 认同调节	利用图片、新闻、视频、音乐、语音、调查等多种形式，激发学习者原有知识的重现。通过教师引导，建立知识背景，激发学习者产生语言表达动机和阅读兴趣。以"文字表达"初体验和阅读技能的讲解，构建"读写一体"的输入输出对接，形成认知层面由外到内的渐进式学习动机
	阅读输入	内摄调节	在一个大主题下，以三个模块的内容形成循序渐进式内在输入过程。每个模块以一篇文章为核心驱动。依托"想一想"牵引阅读文本输入，借助词语、短语等语言知识的助学系统，配备图片帮助理解，帮助学习者在了解图片内容和掌握重点词语的基础上了解文本大意，并通过抓住重点语句进行理解以及依图表述等方式和手段，基本实现对语言知识的灵活运用
	沉浸体验	内摄调节	以问题任务形式打开学习者阅读思考的空间，并结合阅读获得进行思维分析，讨论在文本主题之下的信息内容提取获得和对文化内涵、情感的理解。以小组讨论交流的形式构建沉浸思考空间，以学习者个体学习的主动性语言表现和言语状态实现表达反馈，以学习者之间的交际和沟通作为内容理解的评价依据和反馈性指导，帮助学习者加深对文章内容和语言知识的理解掌握
	互动协商	内摄调节	以"词语理解""语句理解""语篇理解"三个板块形成循序渐进式内摄调节，再次将语言表达理解的焦点拉回到语言的获得过程，帮助学习者扎实掌握语言知识。借助思维导图引导学习者厘清文章的结构，为表达输出建立思维模型框架。这一过程结合了小组合作、教师指导、专业人士指导等多种方式，通过评估不断进行内摄调节，帮助学习者实现表达能力进阶

三环	七步	调节机制	教学环节说明
体演调节	内摄调节	根据沉浸式体验的学习以及互动协商的过程进行角色演示,实现读写和听说的融合式语言实践,继续进行语言交际调节,帮助学习者提升阅读理解能力
表达输出	整合调节	经过前一阶段的长时间输入、阶段性输出,以及体验和体演,以汇报展示的方式,围绕阅读任务群主题,形成项目学习的产出。这一环节融合了说和写的技能,表现了阅读的获得
表达评价	整合调节	对照预期表达成果以及表达的评估证据,设立评价的标准。教师对学习者的课堂表现、表达输出等一系列表现进行指导和评价,激励和增强学习者个体学习的主动性,帮助学习者加深对文章内容和语言知识的理解掌握。教师对学习者的评价结果要以评价报告的形式呈现出来

资料来源:作者绘制。

二、行动研究过程

(一)概述

行动研究起源于 20 世纪三四十年代。柯立尔(Coller)和勒温(Lewin)等人在探究如何处理社会不同种族间人际关系问题时强调要在实践中进行科学研究,解决实际问题。他们把"行动研究"定义为将实际行动和理论发现结合起来进行科学研究的方法。1953 年,科利(Corry)的著作《改进学校实践的行动研究》出版,将行动研究这一研究方法正式引入教育研究,并详细说明了行动研究的理论支撑、特点,实施的原则和具体流程。20 世纪七八十年代,行动研究经过深入发展后,内涵更加完整,能够帮助使用者在具体的实践中找到更加明确的步骤和方法,解决社会问题。行动研究大约在这一时间段被专家学者引入中国,并于 21 世纪后在"课程建设与改革""教师专业素养提升""课堂教学变革""学校发展与建设"等方面得到充分运用。

艾利奥特（Elliot）认为行动研究是一种提升实践品质的社会考察。凯米斯（Kemmis）提出行动研究发生在真实的社会生活中，参与者往往也是研究者，他们期待在参与中加强对世界的认识和理解，深化对活动和所处环境的理解。由此可知，行动研究注重实践对认识的提升作用，能够帮助研究者不断调整行动、完善认识，从而更好地投入实践开展验证。这就实现了实践和理论的紧密结合。

不同的研究者对行动研究的具体实施流程有不同的归纳和总结。学术界使用最多的还是凯米斯提出的四个步骤：计划、实施、观察、反思（见图3.2）。它们相互依赖，形成螺旋上升的实践探究过程。其中，计划是指在前期调查的基础上，为解决实际问题制定研究目的和目标，并借助一定的方法、技术和手段，规划整体的实施方案和具体的实施步骤。实施是指在整体的规划之后有步骤地推进工作，在实施过程中可以依据实际情况进行灵活调整、动态调适。观察是指在实践的过程中，全面观察行为，综合分析各项资料，提升对实践的认识和思考，并通过适当调适全面认识整个研究过程。反思在整个研究中起着承上启下的作用，其主要目的是深刻归纳分析观察到的现象，找出原因，将行动与预期不符的问题进行调整，为下一次的研究做好准备。

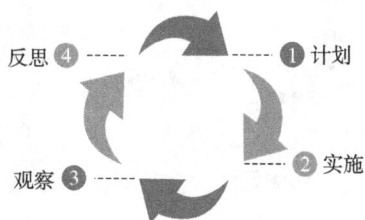

图 3.2 行动研究基本过程

资料来源：作者绘制。

如图3.3所示，彭斯（Burns）描绘了在语言教学研究中，如何开展行动研究。每一次行动研究包含四个步骤，第一轮研究是为了发现问题，第二轮研究是为了解决第一轮研究中待解决的问题，是对理论研究的深化和推进，经过循环往复，螺旋上升，推动研究不断向前发展。

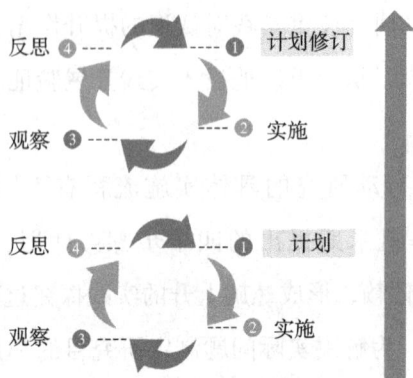

图 3.3　行动研究循环图

资料来源：作者绘制。

如图 3.4 所示，为了更加精确地聚焦问题、开展研究，我们对图 3.3 进一步精细化设计，提出"聚焦问题"和"聚焦新问题"两个步骤。由此可知，反思部分的发现非常重要，能够有力推进研究的深入。

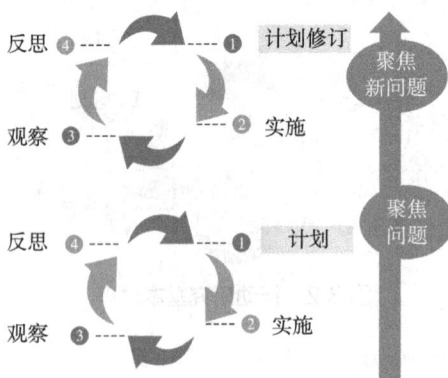

图 3.4　本研究的行动研究循环图

资料来源：作者绘制。

　　本研究作为语言教学的传统教育研究，之所以采用行动研究，原因有四个。第一，"表达驱动"教学理论作为新兴国际中文教学研究理论，必须经过实践的检验才能被广泛接受和使用。行动研究的方法能够全面提升实践研究的效率，剥离以往实验研究的固化思维，在真实教学环境中生成数据，从而更好地开展研究。第二，"表达驱动"教学理论的实践和探索还处于起步阶段，必须稳扎稳打，分步进行。行动研究的"计划、实施、观察、反思"这一循环螺旋式上升的过程具有开放性和动态性，这是本次开展教学实践要完成的研究过程，为我们提供方法指引和理论支持。第三，研究者即实践者的理念在本次研究中得到落实。作为一名一线汉语教学的实践者和研究者，笔者非常愿意发挥自主性，在完成"表达驱动"教学理论落地的同时，不断提升自身对课堂教学过程的认识和理解。相信这种沉浸式的研究方式能让笔者掌握最真实的资料，进行最精准的课堂观察，从而提高研究效率，将"理论"转化为"实践"。第四，探索"表达驱动"教学的有效优化路径，实现教学实践的改善，是行动研究的目标。研究中的问题都源于实践，行动研究的过程为我们实现这样的研究目的提供了很好的实施路径，比以往为检验某一实验假设的实验更具有研究的空间，有利于"表达驱动"教学理论的实施落地。

　　本研究采用的行动研究方法与以往稍有差别。以往的研究总是在实践中发现问题，并进行实践和改进，而本研究已有相关学者在"表达驱动"教学理论的实践前期积累了一些可供借鉴的经验。我们以此为基础，在学习他人先进经验的基础上继续进行实践研究，检验教学效果，因而更具有"主动研究"的意识。

　　综上所述，本研究采用"主动研究"的思路和方法，以创新的教学理论——"表达驱动"教学理论作为出发点，为解决"学用分离"的教学问题，设计出具体的执行计划。执行计划包括两个方面：一是探究"表达驱动"教学理论具体实施的教学设计，并进行实践；二是进行课堂观察、收集数据、效果评估、调整教学设计、再次规划实施方法。

（二）过程

1.研究背景

本研究在某大学国际教育交流学院汉语国际教育专业本科一、二年级留学生中进行。对之前"听、说、读、写"分科的课程教学进行改革，将阅读课和写作课整合成读写课，运用"表达驱动"教学理论开发《立体中国》①系列教材，并将教学设计成果投入课堂教学实践中。

本科一、二年级留学生在进入该大学之前，均已通过中文水平考试四级，拿到了政府奖学金，他们对中文有着强烈的热爱。但从日常的课堂观察来看，学习者缺乏有效的学习方法，往往采取应试做卷子的方式学习汉语。同时，学习者的语言表达能力有限，他们对中国国情了解不够，在生活中运用汉语进行表达的机会少，对学习汉语有畏难心理。"表达驱动"教学理论是对过去多年教学经验的凝练、总结和升华，能够尝试解决学习者学习汉语的问题。然而，如何将这一理论运用到课堂上，形成扎实可靠的教学实践模式，解决学习者"学用分离"问题，是我们开展行动研究的初衷。

行动研究从2023年上半年的春季学期开始，到2023年下半年的秋季学期结束。历时一年的基于"表达驱动"教学理论的教学实践，让学习者说原汁原味的"生活语言"，感受最纯正的文字表达，加深对中国人民的了解，对中国生活有更深入的理解和融入。相比之前以解决"当时当地"具体问题为起点的"应对型"行动研究，我们采用"主动型"的行动研究，目的是以"新方法、新模式、新研究"推动"表达驱动"教学理论在课堂中的落实，不断探究这一理论落地的有效性，并优化教学设计。

2.研究场所

行动研究分为两个阶段，各阶段都运用《立体中国》教材进行基于"表

---

① 《立体中国》是依据《国际中文教育中文水平等级标准》，运用"表达驱动"教学理论指导编写的国际中文读写教材，包括中等四、五、六级共三本教材。每本教材设有14个单元，其中包括12个主题单元和2个复习单元。

达驱动"理论的教学设计和实施，并收集数据，分析评估效果。如表 3.3 所示，两个阶段的教学行动分别在 2022 级一班（本科二年级下学期）、2023 级二班（本科一年级上学期）的读写课程中进行。

表 3.3　两阶段行动研究的时间及场所

阶段	行动第一阶段	行动第二阶段
时间	2023 年 2 月 27 日—2023 年 7 月 2 日	2023 年 8 月 27 日—2024 年 1 月 9 日
学期	本科二年级下学期	本科一年级上学期
场所	2022 级本科一班	2023 级本科二班

资料来源：作者绘制。

行动的两个阶段分别如下。

第一阶段：2023 年 2 月 27 日—2023 年 7 月 2 日，2022 级本科一班的学习者正处在二年级下学期，在整个学期进行"表达驱动"教学设计的课堂实践，目的是将"表达驱动"教学理论运用于读写教学，通过课堂观察与分析，探究教学设计的优化策略。

第二阶段：2023 年 8 月 27 日—2024 年 1 月 9 日，2023 级本科二班的学习者正处于一年级上学期，在整个学期进行"表达驱动"教学设计的课堂实践，目的是根据第一轮行动研究发现的问题，进一步改进和优化教学设计，将教学设计成果应用于 2023 级本科二班学习者的读写课堂，并将学习效果与平行班（传统授课模式）进行对比，检测"表达驱动"教学理论应用于读写教学实践的有效性。

行动的两个阶段选在不同年级的两个班级进行，是基于教学实践和研究伦理的考虑。教学中，学校首次实施融合阅读与写作的读写课程教学。第一阶段，由于二年级的学习者有一年的汉语学习经历，他们作为"表达驱动"落地实践的研究对象，比较适应中国的汉语教学，接受程度更高。在没有完全确定"表达驱动"的最初设计能够落地之前，我们只选择一个班级进行

"表达驱动"的理论落地与课堂观察，而让另一个班级采用传统的读写课的形式，对这两个班级分别进行课堂观察和教学分析研讨。第二阶段，在第一阶段"表达驱动"教学设计能够进一步优化的基础上选择一年级的学习者进行半个学期的教学实践和观察。通过实验班和对照班的对比，检测"表达驱动"教学的实践效果。

行动研究的两个阶段选择在不同学期，是"表达驱动"教学理论落地读写课堂的线性时间需求。前后两个学期的持续实践、研究和总结，为两轮教学研究提供了充足时间。同时，正因为是新理论的研究和落地，想要探究的是教学模式的有效性和教学设计的适用性，因此行动的时间和场所对探究教学效果的检验并没有影响。

3. 研究计划

依托"主动型"行动研究的途径，本研究整体的行动方案如下。

第一步，阅读相关文献和学术会议资料，梳理"表达驱动"教学理论的研究现状，对理论有整体的认识。

第二步，在前期研究的基础上，深化"表达驱动"教学理论落地实施的路径，提出"七步"教学模式，并进行"三环七步"读写教学设计框架的探索。

第三步，根据"表达驱动"教学理论运用于读写课的可行性分析和先导研究，初步制定两个阶段的研究计划，分别在两个学期进行。

第四步，基于"表达驱动"教学理论进行一个单元的教学设计。

第五步，随时调整教学设计，落实课堂教学。

第六步，在本科二年级的一个班级开展一个单元的"表达驱动"教学，访谈并收集数据。

第七步，分析数据，总结访谈，评测课堂教学实施效果。

第八步，依据第一轮行动研究的成果，完善《立体中国》中的相关内容，并利用暑假优化教学设计。

第九步，开启第二轮的行动研究，在本科一年级的一个班级开展"表达驱动"教学，对照班采用传统教学模式，并聚焦一个单元的教学进行课堂观察和研讨。

第十步，收集分析数据，反思总结，对教学实践提出优化建议，促进教学理论发展。

第十一步，撰写研究报告。

具体的研究内容如表 3.4 所示。

表 3.4　两阶段行动研究的计划

	第一阶段	第二阶段
行动时间	2023 年 2 月 27 日—2023 年 7 月 2 日	2023 年 8 月 27 日—2024 年 1 月 9 日
行动场所	2022 级本科一班	2023 级本科二班
选取单元教学主题	《友谊之桥，中外相连》	《校园之花》
阅读—输入	《歪果仁研究协会》《中乌友好使者》《零时差跨洋年夜饭》	《不一样的相声舞台》《支教梦想》《在音乐中"畅想"》
写作—输出	书写一篇留学生活中遇到的记忆深刻的故事	①请写一写你熟悉的老师和同学，突出典型事件的描写 ②请调查班级 2~3 名同学，了解他们曾做过的最有趣的事，将他们的趣事记录下来并与大家分享
预期目标	在"表达驱动"教学理论的基础上初步进行课堂教学设计，通过课堂观摩，对课堂教学效果进行量化、定性分析，提出优化设计的路径，为第二轮行动研究做准备	对"表达驱动"教学设计进行精细化再设计，让这一理论能够落地。同时通过学习效果的量化分析，评测"表达驱动"教学理论的教学效果

资料来源：作者绘制。

行动研究的第一个阶段（2023 年 2 月 27 日—2023 年 7 月 2 日）是"表达驱动"教学理论的落地阶段，研究的主要问题包括：一是如何依托"表达驱动"教学理论"三环七步"教学设计框架，做出具体的读写课实施方案；二是在"表达驱动"落地实施过程中，教学实施者会遇到哪些问题，同行和学习者对课堂又会有怎样的评价；三是运用改进型弗兰德斯互动分析系统对

"表达驱动"教学理论下的读写课进行课堂观察，研究有哪些课堂教学的优化策略；四是"表达驱动"理论指导下的教学设计应该怎样改进。

针对以上研究问题，笔者在学期课程中与经验丰富的教师共同开展教学实践，并选取第三单元教学内容《友谊之桥，中外相连》作为研究对象，以《歪果仁研究协会》《中乌友好使者》《零时差跨洋年夜饭》三篇文章作为阅读输入材料，以"书写一篇留学生活中遇到的记忆深刻的故事"作为输出任务。在教学行动中，笔者邀请两位同行进行课堂教学全程观摩和指导，并在结束后对他们进行访谈。同时，运用问卷调查和学习日志的方式，分析学习者文字输出的作品，将其与课堂中的阅读教学点进行对应，收集学习者的收获、感悟，并进行分析，为下一轮教学实践提供方向和指引。此外，我们还观摩了平行班第三单元的课，利用改进型弗兰德斯互动分析系统，对讲授同样内容的平行班的授课情况进行对比，对"表达驱动"教学理论下的读写课堂教学效果进行评估。

行动的第二个阶段（2023 年 8 月 27 日—2024 年 1 月 9 日）是"表达驱动"教学理论下的读写课的优化设计阶段。这一阶段，以前一阶段的教学启示策略为依据，更新《立体中国》电子教材的教学内容，同时重新进行教学设计，并在本科一年级开展课堂教学实践。我们在一个班采用"表达驱动"教学方法，而在另一个班采用传统教学方法。我们选取第一单元的《校园之花》作为研究对象，以《不一样的相声舞台》《支教梦想》《在音乐中"畅想"》三篇文章作为阅读输入材料，布置两个写作输出任务：第一，请写一写你熟悉的老师和同学，突出典型事件的描写；第二，请调查班级 2~3 名同学，了解他们曾做过的最有趣的事，将他们的趣事记录下来并与大家分享。除了收集两位同行和学习者关于课堂的半结构化访谈资料，我们还对学习者的产出成果进行收集和分析，利用在学期初、学期中、学期末对对照班、实验班中文水平考试五级的成绩进行比较分析，对"表达驱动"教学模式的教学效果进行评估，进一步优化"表达驱动"的教学设计，补充和丰富教学理论。

4. 材料收集和分析

陈向明认为，行动研究具有很强的灵活性，应该追求改善的研究方式，只要是有利于研究目的的研究方法都可以使用。本研究材料的收集和分析，主要运用了混合式研究方法。在动态的研究过程中，采用定量和定性相结合的混合式研究方法。收集数据的来源主要是学习者、教师和同行，这三者形成了三角验证，从而增强了研究的可信度。材料的来源既包括反思、日志、访谈、学习者文本等定性工具，还包括汉语水平测试、课堂互动情况等定量分析手段。

两个行动阶段教学反馈材料的收集方法见表3.5。

表 3.5 两个行动阶段教学反馈材料的收集方法

	教学反馈材料收集方法				
	收集同行的课堂观摩数据及访谈	收集学习者的问卷或进行访谈	收集教师的教学日志和反思	收集学习者的文本作品产出	语言测试
第一阶段	√	√	√	√	
第二阶段	√	√	√	√	√

资料来源：作者绘制。

（1）同行评价

在两轮行动中，我们分别邀请了两位相关领域的专家参与教学全程观察，并在每次教学活动结束后和单元教学活动之后，与他们进行深入讨论。两位专家分别研究的是应用语言学和国际中文教育，拥有10年至20年的教学经验。其中一位是青年教师，曾在国家级、市区级的汉语教学能力竞赛中荣获奖项；另一位则担任国际中文教育机构的教育管理职务，并获得了学校的杰出教师奖。两人都对教学充满了热情，积极开展国际中文教育领域的教学实践研究，并主持了多个教育研究课题，参与了多个行动研究项目。于是，我们建立了一个基于相互支持和坦诚交流的教学合作团队。

听课观摩前，笔者与两位专家进行了详细交流，介绍即将开展的方案，明确了课堂观察的目的、重点和记录的方法。课堂教学的观摩主要考察"表达驱动"教学理论应用于国际中文读写课的课堂教学流程以及教学效果，对教学环节设计、教学方式、阅读输入和表达输出的质量，以及课堂教学理念的落实等内容进行思考，并提出意见与建议。每堂课教学结束后，笔者先与两位教师进行集体研讨。单元结束之后，笔者又与两位同行分别进行"一对一"的半结构式深度访谈。访谈时间安排在当天，地点由同行自选。访谈提纲的内容（见附录B）包含教学目标、教学资源、教学方式、学习者学习方式、课堂教学氛围、教学环节的设置、教学效果的评估等内容。

（2）学习者评价

研究中，笔者通过开放式问卷、学习日志和访谈的方法收集学习者评价，将三者结合形成数据验证体系，探讨基于"表达驱动"教学理论构建的新模式应用于读写课堂给学习者带来的影响。开放式问卷的主要内容包括"学习本单元后的感受""对教学方法的评价""感到有困难的学习环节""喜欢的学习环节""向教师提出教学建议"等内容（见附录C）。完成两轮行动的相应单元学习后，我们给学习者发放问卷，要求他们在课堂中完成，时间为20分钟左右。行动第一、第二阶段分别收回问卷23份、21份，全部有效。在第二阶段行动研究结束之后，笔者重点对学习者读写学习的信心和动机水平进行问卷测量，共收回有效问卷21份。学习日志的撰写是为了让学习者深入记录课堂学习的收获及感受（见附录D），对印象深刻的教学环节和片段进行深入描绘，以期为教学策略优化提供更多证据。为保证学习日志记录的有效性，学习者可以选择自愿撰写。第一阶段收回5篇学习日志，第二阶段收回7篇学习日志。访谈贯穿于两个行动研究，教师根据学习者的上课表现、中文水平考试成绩以及平时的文字表达情况，随机抽取学习者进行访谈，了解学习过程的收获和对教学的建议（见附录E）。访谈地点和时间较为随意，由访谈对象决定。访谈不录音，只做记录，不要求学习者签署书面正式承诺，以免影响学习者内心想法的表达。在访谈过程中，采访者可以追问，以便清楚了解学习者想要表达的意图。每次访谈后，采访者给学习者送一个小礼物以示感谢。

（3）教师反思

教师的执教反思对于课堂教学质量的提升具有十分重要的作用。在两轮行动研究中，笔者共收集四篇教学反思。其中两篇是对两位教师在两个单元的教学之后的反思，另外两篇是在每轮行动研究之后的反思，全面回顾了教学实践过程。

综上，为保证行动研究过程的可靠性以及信效度，我们从同行、学习者、教师三方收集数据，形成相互印证的三角验证框架（见图3.5），以此来探讨"表达驱动"教学理论的教学效果和优化策略。同时，笔者也随时关注教学关键环节和重点学习者，在分析过程中实事求是，坚持真实有据，保证研究的科学性。

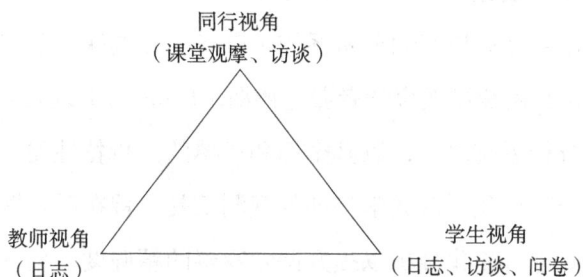

图3.5　材料收集的三角验证框架

资料来源：作者绘制。

（4）学习者的文字表达

学习者的文字表达输出是学习者中文读写学习能力最显性的证明。在对"表达驱动"各个教学环节的研究中，分别收集了学习者的文字表达输出情况。学习者的文字表达情况，是教师重点研究的对象，它见证了学习者读写能力的发展过程。我们通过文本分析，借助问卷、访谈、日志等进行辅助分析，为学习者读写能力的提升提供证据材料。

（5）效度保证

为确保行动研究的信度和效度，收集和分析数据要坚持以下原则。一是用教师、学习者、同行多维度视角，确保教学研究通过问卷、访谈、反思、日志等多种方式形成多方认证，使证据具有说服力，从而确保同一现象的多维验证。二是团队成员都具有资深教学经验，教学功底深、研究能力强，通过定期与研究导师交流，吸收有益的行动建议，不断完善行动研究方法。三是保证随机抽取学习者，对学习者信息保密，关注"反例"，加强追踪研究。四是加强学习，通过大量阅读文献，形成与"理论"的对话，与学习者、同行进行平等、轻松、友好的交流，确保研究精准化。

三、数据收集过程

（一）课堂观察

我们运用弗兰德斯互动分析系统（FIAS）开展课堂观察实践。弗兰德斯互动分析系统是由美国教育学者弗兰德斯（Flanders）以其名字命名的。它是最早开发的分析系统之一，以其全面和成熟的分析特性而著称。本质上，这个系统是一个定量化课堂教学特征的观测工具，旨在深入探究教师与学生的言语互动，并进行量化分析以提升课堂观察的精确度。据弗兰德斯估计，教学互动中约有80%是师生之间的言语交流。因此，通过量化方法来记录和分析这些互动，有助于总结教学行为的特征。最初，这个系统用于国外的英语教学，并扩展到多个国家。弗兰德斯互动分析系统历史悠久，在全球范围内被广泛应用于教学互动研究，被认为是教育领域里研究成果最丰富的工具之一。它在评估教学质量和风格方面极具价值。然而，随着实践的深入，人们发现弗兰德斯互动分析系统不能完全满足所有需求，因此进行了基于信息技术的编码系统等方面的改进。

随着教育工作的进展和时代的发展，传统的弗兰德斯互动分析系统逐渐显露出局限性，尤其是在面对教育信息化的课堂互动中。原系统主要关注师生的言语交流，未能全面覆盖现代课堂的多样性，例如学生主动提问和讨论等行为。此外，系统对教师提问的分类也过于简单。为了适应现代教学需求，国内学者对系统进行改进，发展出改进型弗兰德斯互动分析系统（IFIAS）。这一系统在保留原系统优点的同时，增加了对信息技术互动的分析，减轻了观察者的编码负担。这个改进型系统不仅提高了教师提问分析的精度，还扩展了应用范围，成为教学质量评估和风格分析广泛使用的工具，对提升课堂教学品质具有显著意义。

1. 改进型弗兰德斯互动分析系统编码定义

改进型弗兰德斯互动分析系统编码定义见表 3.6。

表 3.6　改进型弗兰德斯互动分析系统编码定义

分类		编码	内容
教师语言	间接影响	1	接受学生情感
		2	鼓励或表扬
		3	接受或采纳学生意见
		4.1	提出开放性问题
		4.2	提出封闭性问题
	直接影响	5	讲授
		6	指示
		7	批评或维护权威
学生语言		8	学生应答话语
		9.1	主动应答
		9.2	主动提问
		10	与同伴讨论
沉寂		11	无助于教学的混乱
		12	有益于教学的沉寂
技术		13	教师操纵技术
		14	学生操纵技术

资料来源：作者绘制。

表 3.6 中各项编码的意义如下。

编码 1：接受学生情感。

编码 1 是指教师在课堂上以平和的姿态接受和理解学生正面或负面的情绪和态度。无论是学生在课堂中分心还是参与非学习活动，教师的响应都体现了一种对学生情绪的包容，这种态度可能与教学内容并无直接关系，但强调了教师对待学生的温和态度。

编码 2：鼓励或表扬。

编码 2 聚焦教师通过言语或肢体语言对学生的答案或行为进行正面反馈，表达了对学生表现的认可，例如，对学生的正确回答给予"很好，答得非常对"的肯定。

编码 3：接受或采纳学生意见。

编码 3 强调教师在课堂上对学生的看法或建议给予认可，可能对这些观点进行澄清、扩展或发展，并在此基础上进一步探讨。例如，教师在学生回答问题后，不仅认可学生的答案，还可能在此基础上进行扩展讨论。

编码 4.1：提出开放性问题。

编码 4.1 是指教师基于自己的观点或思考，向学生提出的开放性问题，这类问题鼓励学生提供多元化的答案。

编码 4.2：提出封闭性问题。

编码 4.2 是指教师提出的那些期望学生给出特定答案的问题，这类问题通常基于教师的见解或知识，如"这篇文章中有哪些新词"或"这个单词怎么读"。

编码 5：讲授。

编码 5 关注教师在课堂上的主导性讲解，包括事实、见解的陈述，以及引用权威观点（而非学生观点）进行教学，既包括事实的陈述，也包括议论。

编码 6：指示。

编码 6 描述的是教师向学生发出的明确指令或指示，旨在引导学生完成特定的学习任务或行为，如"请大家一起阅读这篇文章"或"翻到书的第八页"。

编码 7：批评或维护权威。

编码 7 是指教师为了改变学生的不当行为或维护课堂秩序所做的严肃或生气的批评，例如，对干扰课堂秩序的学生说"安静，听老师讲"。

编码 8：学生应答话语。

编码 8 指的是学生对教师话语的反应，这种回应往往是被动的，可能包括教师指定的回答或对话。

编码 9.1：主动应答。

编码 9.1 描述了学生在课堂上积极主动地参与对话，自由表达自己的想法或引入新话题。

编码 9.2：主动提问。

编码 9.2 关注学生在掌握新知识过程中提出的疑问，表现为学生对教师讲授内容的主动探询。

编码 10：与同伴讨论。

编码 10 涵盖学生之间为了交流思想或观点而进行的相互讨论，比如小组讨论。

编码 11：无助于教学的混乱。

编码 11 是指那些对教学过程产生负面影响的课堂混乱，这些混乱使得师生间的有效交流受阻。

编码 12：有益于教学的沉寂。

编码 12 描述的是那些促进学习和思考的课堂静默，如学生独立思考或完成任务时的沉默。

编码 13：教师操纵技术。

编码 13 关注教师应用各种教学技术进行教学的情况，如使用黑板、多媒体演示等。

编码 14：学生操纵技术。

编码 14 是指学生在学习过程中利用技术工具，如在智能教室环境中使用现代技术展示学习成果。

2. 改进型弗兰德斯互动分析系统初始表格的获得方法

获取改进型弗兰德斯互动分析系统初始记录表的过程包括对整堂课的连续观察，每隔三秒选择一个最显著的行为特征进行记录。观察者需在一个特定的表格中，根据时间先后顺序，从 14 种不同的编码类别中挑选相应的代码进行记录，以此形成初始的课堂观察记录。这样的观察通常覆盖 45 分钟的课程时间，产生大约 900 个编码项。表 3.7 为改进型弗兰德斯互动分析系统课堂记录表。

表 3.7　改进型弗兰德斯互动分析系统课堂记录表

分/秒	3	6	9	12	15	18	21	24	27	30	33	36	39	42	45	48	51	54	57	60
1																				
2																				
.																				
.																				
.																				
45																				

资料来源：作者绘制。

3. 改进型弗兰德斯互动分析系统分析矩阵的获得方法

在完成初始课堂观察记录表之后，接下来的步骤是根据研究的目的对这些数据进行整理和分析。首先，需要根据原始记录表创建一个新的分析矩阵。这个过程主要分为三个步骤。第一步，按照一对连续数字的新配对规则进行操作，例如，如果原表的数字序列为"1、2、3、4、5、6"，那么新的配对序列将是（1，2）、（2，3）、（3，4）、（4，5）、（5，6）。第二步，进行配对数字的统计，并将统计结果填写到分析矩阵的相应位置，如有 6 个（1，2）配对，则在矩阵的第 1 行第 2 列填入 6，如果有 4 个（5，6）配对，则在第 5 行第 6 列填入 4。第三步，进行总和计算，即计算分析矩阵中每行和每列的总数，从而得出各类行为所占用的时间总量。例如，从 1 至 7 纵列数字的总和，即表示教师言语行为的总和。如表 3.8 所示，在分析矩阵中，第 1 至 3 行与第 1 至 3 列交叉的区域为积极整合格，而第 7 行至 8 行与第 6 行至 7 列交叉的区域则为缺陷格。

表 3.8　改进型弗兰德斯互动分析系统矩阵表

分类	编码	教师语言							学生语言			沉寂		技术		总计
		1	2	3	4	5	6	7	8	9	10	11	12	13	14	
教师语言	1															
	2															
	3															
	4															
	5															
	6															
	7															
学生语言	8															
	9															
	10															
沉寂	11															
	12															
技术	13															
	14															
总计																

资料来源：作者绘制。

4. 改进型弗兰德斯互动分析系统的数据处理方法和计算方式

在初步处理原始数据并获得分析矩阵之后，可以用分析矩阵综合评估课堂的多个方面，包括言语结构、情感氛围、教师言语倾向以及师生问答互动。这些通过精确的计算方法得到的结果，极大地简化了观察者评估课堂互动质量的过程。以下是用于计算的几个重要视角及其公式。

一是课堂言语结构分析。教师言语比例：计算公式为 1 至 7 列的教师言语总次数除以 1 至 14 列的总言语次数。学生言语比例：8 至 10 列的学生言语总次数除以 1 至 14 列的总言语次数。沉默比例：11 至 12 列的沉默总次数除以 1 至 14 列的总言语次数。技术应用比例：13 至 14 列的技术应用次数除以 1 至 14 列的总言语次数。二是师生情感氛围分析。积极与消极情感氛围的比例，是积极整合格的数字总和与缺陷格的数字总和的比值。三是教师言语倾向分析。教师直接言语与间接言语的比例，也就是 1 至 4 列的直接言语行为次数与 5 至 7 列的间接言语行为次数的比值。四是师生课堂问答分析。教师提问比例：第 4 列的提问次数除以 4 至 5 列的总次数。封闭式问答比例：计算特定矩阵元素（4，4）、（4，8）、（8，4）、（8，8）的总和。开放式问答比例：计算特定矩阵元素（3，3）、（3，9）、（9，3）、（9，9）的总和。学生被动应答比例：第 8 列的被动应答次数除以 8 至 10 列的总次数。学生主动发言比例：第 9 列的主动发言次数除以 8 至 10 列的总次数。

改进型弗兰德斯互动分析系统进一步阐明了这些计算公式的含义，并提供了标准值作为参考，以分析教师和学生的言语比例、课堂沉默和技术应用比例、师生情感氛围及课堂问答方式等内容。通过这种方式，新的分析系统为课堂互动的综合评估提供了一个科学和系统化的方法。

5. 本研究的实施方案

（1）研究目的

为了解基于"表达驱动"教学理论的读写课堂现状，我们初步检验理论对指导读写教学的效果，并对"表达驱动"的课堂进行量化分析。在第一个行动阶段，使用改进型弗兰德斯互动分析系统对课堂进行更加具体的分析，有利于为"表达驱动"教学理论落地提供更加可靠的数据支撑，并提出优化策略。

（2）研究内容

2023年3月20日，在行动研究的第一阶段，我们对本科二年级两个班的读写课进行课堂观察。其中一个班的教师使用基于"表达驱动"教学理论的"七步"教学模式进行课堂教学，另一个班的教师则使用传统精讲的教学方式。讲课内容精选了《立体中国》教材中的《友谊之桥，中外相连》单元的第一个学习板块的内容《歪果仁研究协会》。这一板块的内容最能凸显"表达驱动"教学特色。利用改进型弗兰德斯互动分析系统，对教师的授课方式、学生的反应以及师生互动模式进行详细的记录和分析，并把采用传统授课方式的读写课作为对照，以期发现不足，改进提升，检测语言教学效果，进一步探讨理论与课堂互动的联系。

（3）研究思路

第一步，分别录制《歪果仁研究协会》"表达驱动"教学读写课堂和平行班的传统教学的读写课教学视频，时长分别为40分钟、51分钟，并进行课堂观察和记录。

第二步，对两节课进行编码，形成"表达驱动"教学读写课互动分析矩阵和传统教学读写课互动分析矩阵，分别有784个、1008个序对。

第三步，进行数据计算，分别从静态和动态两个方面，对课堂氛围、教学风格、学生学习情况等方面进行综合分析，了解理论对读写学习的影响。

第四步，讨论学习价值增长的关键因素，提出运用理论促进课堂学习的关键因素和教学模式优化路径。

改进型弗兰德斯互动分析研究思路见图3.6。

（二）对比实验

在第二轮行动研究中加入对比实验研究方法，考察"表达驱动"教学理论应用于读写课的教学效果。本节将主要讨论采用的实验研究方法，内容包

```
┌─────────────────────┐
│   课堂观察，录制视频   │
└─────────────────────┘
          ⇩
┌─────────────────────┐
│   视频编码，形成矩阵   │
└─────────────────────┘
          ⇩
┌─────────────────────┐
│   数据计算，分析互动   │
└─────────────────────┘
          ⇩
┌─────────────────────┐
│   优化教学，提出路径   │
└─────────────────────┘
```

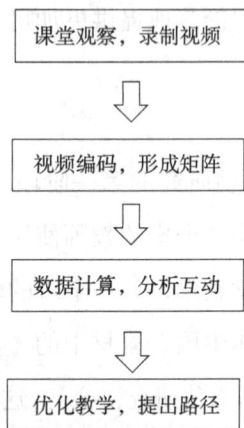

图 3.6　改进型弗兰德斯互动分析研究思路

资料来源：作者绘制。

括研究问题、实验流程（总体思路、教学环境、数据收集工作所采用的各项工具）、实验控制内容、数据分析方法等。

1. 研究问题

为了解"表达驱动"教学理论对学习者的汉语阅读和写作带来的教学效果，我们对实验组和对照组的学习者在一个学期里的学习效果进行测量和分析。同时，为探求"表达驱动"教学理论对学习者学习汉语的信心水平和动机水平的影响，我们在学期结束后通过问卷和访谈等形式进行调研。我们采用混合研究收集数据的方式，以验证两个假设。

第一，"表达驱动"教学理论对学习者汉语阅读能力和写作能力的提升作用比传统的教学方式要显著。

第二，相比传统教学方法，"表达驱动"教学理论能够激发学习者学习汉语的信心，增强自主学习动机。

2. 实验流程

实验流程分为三个阶段。

第一阶段：学期初（2023 年 9 月 2 日—10 日）。实验组向学院提交实验计划和需要得到的支持。学院审批通过后，召开了 2023 级一班和二班的教学实验启动会，强调学习期间的其他教学活动基本保持一致，并在开学第一天对学习者进行中文水平考试四级和中文水平考试五级的测试，全面掌握学习者的学习情况。为保证测试总成绩的公平公正，检测成果由两位老师进行互评。评卷之后，两位老师通过自查和研讨，确保评分的准确性。

第二阶段：学期中（2023年11月1日—10日）。实验班和对照班的老师用另一份中文水平考试五级新试卷再次检测学习者。批改方式同上。之后，我们又访谈了部分学习者和老师，了解近一段时间里汉语阅读和写作的学习情况。

第三阶段：学期末（2023年12月25日—2024年1月5日）。实验班和对照班的教师精选难度相当的中文水平考试五级新试卷的阅读和写作部分进行第三次检测。批改方式同上。学期末，在学习者问卷调查和教师访谈中，针对学习者的汉语学习水平和学习主动性进行了调查。具体实验流程见图3.7。

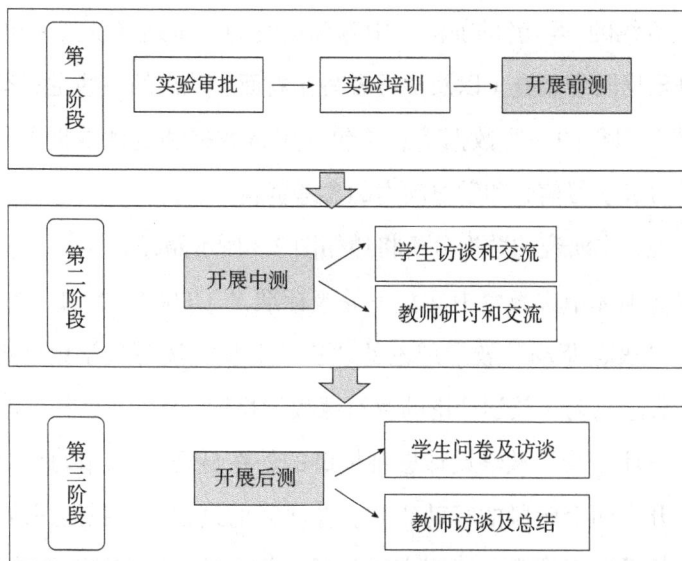

图 3.7　本研究的实验流程

资料来源：作者绘制。

3. 实验控制内容

本研究的定量研究部分，首先将教学环境、教学内容基本相同的两个本科一年级班确定为实验班和对照班。两个班之间唯一的区别是，实验班按"表达驱动"教学模式上国际中文读写课，而对照班按传统的教学方式上课。在实验项目执行中，首先用中文水平考试四级题和中文水平考试五级题对两个班进行了相同的实验前测。由于两个班的中文水平考试四级成绩非常好，接近满分，因此，实验以中文水平考试五级为参照，在中期和后期分别用中文水平考试五级题进行检测。三次测试的方式和难度基本相当。在实验后期我们对学习者进行问卷调查，分析学习者的汉语学习信心水平和动机水平。此外，我们还通过开放式问题对学习者进行问询，了解学习者在学习读写课后的收获和体会。我们将所有量化数据输入电脑，并使用统计软件 SPSS 20.0完成所有数据分析。

4. 数据分析方法

本次研究的资料分析包括两个方面：一是对参加中文水平考试四级和中文水平考试五级的学习者的前测、中测和后测的考试结果及其变化进行定量分析；二是根据问卷调查（以及学习者写作卷面反映出的一些主观态度），将国际中文读写课程的一些数据信息（包括定量数据和定性数据）整理出来，作为了解学习者学习信心和学习动力的参考资料。

总体来说，本研究的数据分析将遵循图 3.8 所示路径。

本章以《国际中文教育中文水平等级标准》（GF0025–2021）为依据，整体设计基于"表达驱动"教学理论的"三环七步"读写教学设计思维模型，确定基于"表达驱动"教学理论的读写课教学目标。"三环七步"读写教学设计框架是"三环七步"教学设计思维模型的外在显现。我们以此教学设计框架为依据，开展两个阶段的行动研究。在研究的过程中，我们用改进型弗兰德斯互动分析系统对课堂进行观察和分析，并通过对比实验，为本次研究提供可靠的数据支撑。

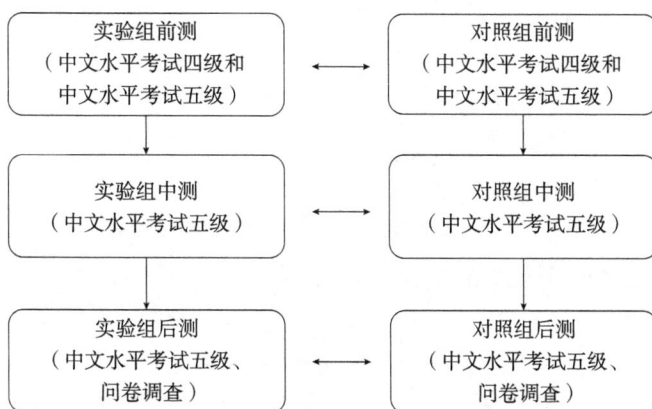

图 3.8　本研究数据分析路径

资料来源：作者绘制。

第四章
初步探索

本章介绍行动研究的第一个阶段，这一阶段是将"表达驱动"教学理论转化为教学实践的初步尝试，目的是通过"表达驱动"教学理论应用于读写教学的行动研究，探索读写教学的实施路径和策略。此轮实践时间为2023年2月27日—2023年7月2日，为期一学期，授课对象为某大学汉语国际教育专业本科2022级的汉语学习者。我们将"表达驱动"教学理论应用于读写课程实践，并选取其中一个单元的教学内容，进行深度课堂观摩和分析。研究的主要问题包括：如何依托"表达驱动"教学理论，为读写教学做出具体课堂实施方案；在"表达驱动"教学理论落地实施过程中，教学实施者会遇到哪些问题，同行和学习者对课堂又会有怎样的评价；运用改进型弗兰德斯互动分析系统进行课堂观察，有哪些课堂教学的优化策略；基于"表达驱动"理论的读写教学设计应该怎样改进。下面就读写教学实践、读写课互动分析、反思与启示这几方面进行具体阐释。

一、读写教学实践

长期以来，在国际中文教育的阅读和写作教学中，教师占据课堂的主导地位，他们提供阅读资源，以课后习题的练习方式和枯燥乏味的写作练习推进教学进程。学习者只能被动接受，他们缺乏主动性，习得效率低。"表达驱动"教学理论倡导的"读写一体""听说一体""学做一体"的理念能够为解决当前的读写问题提供解决方案。

（一）行动计划

我们以教材《立体中国》第三单元为教学内容，以《友谊之桥，中外相连》为教学主题，设计一个单元的教学方案，并开展了5个课时的教学实验。教学对象为国际教育交流学院本科二年级一班的学习者，班级人数23人，他们来自5个不同的国家，中文水平为中文水平考试四级以上。在教学实验过程中，观摩师生课堂表现，请同行做好教学实验记录工作。实验结束后，我们对学习者进行开放式的问卷收集和半结构式的访谈，并对同行进行访谈，了解他们对课堂教学的反馈和评价。

1. 教学目标

本单元的教学目标按课程的总体目标分为三方面：阅读目标、写作目标、文化目标。

（1）阅读目标

①能够掌握阅读材料中的"朝夕相处""字正腔圆""领略"等词语的含义，理解重点句子的意思。

②了解三篇阅读材料中关于"在中国生活有趣有意思"的主题。

③对讲故事"起因—经过—结果"的叙事结构有所认识。

④理解"此前""一番""郭沫若""为什么被称为口罩侠呢？"等语言表达方式的含义，并能进行迁移运用。

（2）写作目标

①文章表达的主题是"留学生活中一件印象深刻的事"，能够详细记述留学生活中"记忆深刻的事"。

②文章结构按照"起因—经过—结果"的叙事方式，清晰完整地书写故事。

③文章语言流利，语法正确，语言风格生动，易于理解。

（3）文化目标

①能够抒发对在中国留学、生活的喜爱之情。

②对在中国留学期间有趣的人和事产生浓厚的兴趣。

③对中国的现实生活有更多了解和认同。

2. 课堂实践的流程

本单元的教学主题是《友谊之桥，中外相连》，符合学习者的生活实际需求，能够让学习者沉浸在"做中学"的情境中。我们选择丰富的输入材料，包含视频《歪果仁研究协会》，三篇关于"留学生活"主题的阅读材料《歪果仁研究协会》《中乌友好使者》《零时差跨洋年夜饭》。学习者的表达输出任务是"书写一篇留学生活中遇到的记忆深刻的故事"。

教学行动按照基于"表达驱动"教学理论的表达需求、阅读输入、沉浸体验、互动协商、体演调节、表达输出、表达评价这七个教学环节进行课堂实践，并依据心理学的"自我决定"理论，将整个教学流程置于心理调节机制之中。

单元教学中三组阅读文章的教学环节会有差异。例如，《歪果仁研究协会》和《中乌友好使者》包含阅读输入、沉浸体验、互动协商三个教学环节，《零时差跨洋年夜饭》作为泛读课文，只设计了阅读输入和互动协商两个教学环节。具体的流程如图 4.1 所示。

整个单元共包含 5 课时，每课时长 40 分钟，共计课时 200 分钟。课时和教学内容安排见表 4.1。

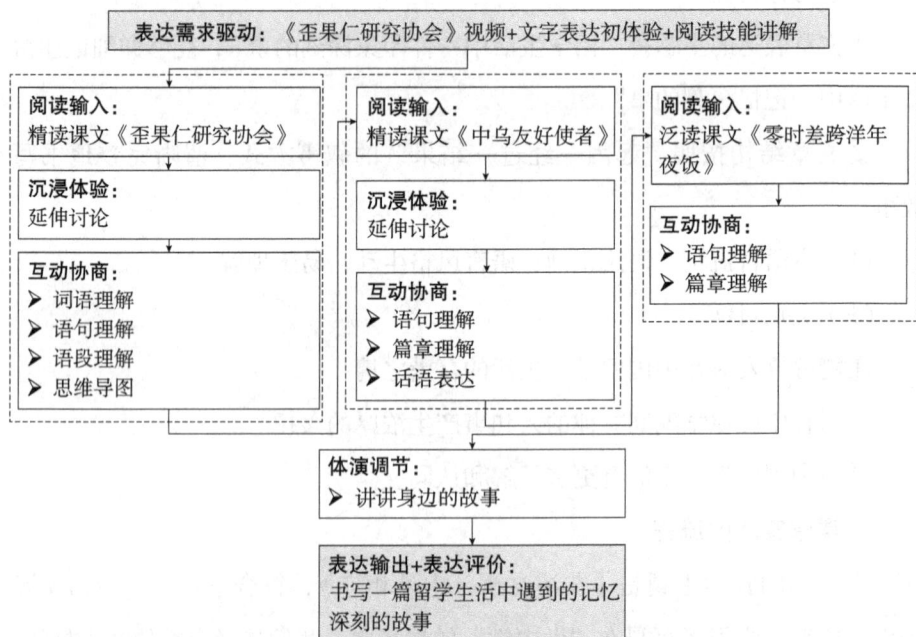

图 4.1　基于"表达驱动"教学理论的读写教学课堂实践流程

资料来源：作者绘制。

表 4.1　行动研究第一阶段《友谊之桥，中外相连》单元课时和教学内容安排

课时安排	教学环节	教学内容	教学时长
第一课时	表达需求	《歪果仁研究协会》视频 文字表达初体验 阅读技能讲解	40 分钟
第二课时	阅读输入、沉浸体验、互动协商	《歪果仁研究协会》	40 分钟
第三课时	阅读输入、沉浸体验、互动协商	《中乌友好使者》	40 分钟
第四课时	阅读输入、互动协商、体演调节	《零时差跨洋年夜饭》	40 分钟
第五课时	表达输出	书写并讲评"留学生活中遇到 的记忆深刻的故事"	40 分钟

资料来源：作者绘制。

（二）设计实践

1. 明确预期的表达结果——表达需求（情境创设）

在"表达需求"环节，教师进行情境创设，通过视频讲述《歪果仁研究协会》中的故事，让学习者对"外国人眼中中国人所熟悉和热议的事物"产生浓厚兴趣，从而引发学习者讲故事的内在表达需求，激发外部调节。在文字表达初体验中，让学习者完成"分享一个和朋友之间的故事"的输出任务，并借助内摄调节，让学习者对文字表达技能——故事叙述的基本方法（常见的方法有时间推移法和事件脉络法）产生学习需求，构成认同调节。"表达需求"环节（情境创设）的调节机制见图 4.2。

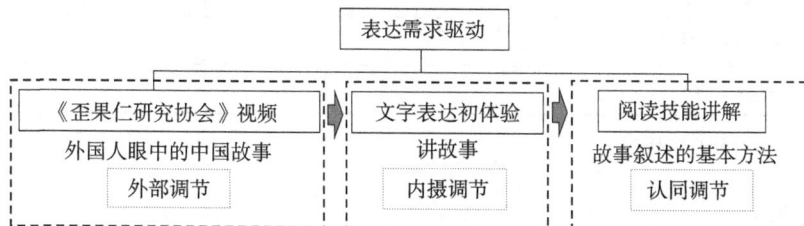

图 4.2　"表达需求"环节（情境创设）的调节机制

资料来源：作者绘制。

2. 确定合适的表达评估证据——表达成果

"表达成果"部分是成果导向的，要优先设计。我们以"书写一篇留学生活中遇到的记忆深刻的故事"作为核心输出，刺激输入，并借助表格这一"脚手架"让学习者完成习作输出的梳理，对输入产生需求，为输出做准备。《友谊之桥，中外相连》单元表达输出的思维框架见表4.2。

表 4.2 《友谊之桥，中外相连》单元表达输出的思维框架

我和他 / 她认识的经过	
我和他 / 她最难忘的事情	
表现他 / 她性格的经典语句（2~3 个）	

资料来源：作者绘制。

对照任务的输出成果，预设输出成果质量，为达成评估证据进行的合理化监控的评价标准，如表4.3 所示。

表 4.3 《友谊之桥，中外相连》单元表达输出的评价标准

评价标准			
书写人：	总分：		
评价维度	优（8~10 分）	良（4~7 分）	中（1~3 分）
熟练运用记叙文模式			
事件叙述清楚			
语言简练、表达明确			
故事感染力强			

资料来源：作者绘制。

可视化的表现性评价量表，为学习者学习成果的评估提供清晰的反馈标准。学习者可以通过自我评价，提高阅读过程中的整合调节，也可以通过

教师的评价，实现将阅读技能转化为写作技能，再转化为阅读技能的内摄调节。

3. 设计学习体验和教学

在读写课堂教学中，要详细设计以教学目标为引领的学习活动，以达到教学考核的融会贯通。学习者要经历阅读输入、沉浸体验、互动协商和体演调节这几个具有连续驱动性的教学环节。前三者属于一个学习系统，借助三个不同的材料让学习者进行螺旋式递进的学习，使主题在概念层面保持一致性。学习者的学习获得也由粗到精，由整体走向聚焦。这一过程将"阅读体验"全部纳入内摄调节范畴，使学习者能够进行沉浸式信息提取，理解感知、鉴赏评价和迁移运用。体演调节是由输入到输出的全情境式"学习系统"，学习者将进行系列性的内摄调节，逐渐以反馈的方式进行融会贯通，进而实现输出的整合调节。这些都是自主动机的驱动过程，代替之前的机械性训练，帮助学习者实现主动学习。

内摄调节和整合调节系统中对应的教学环节见图4.3。

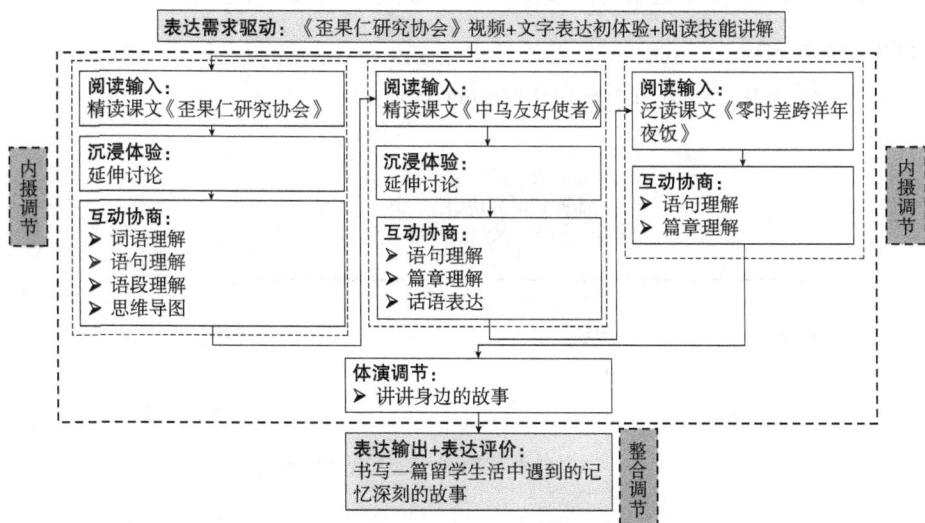

图4.3　内摄调节和整合调节系统中对应的教学环节

资料来源：作者绘制。

具体环节如下。

内摄调节中的模块一，选取的阅读材料是《歪果仁研究协会》，引导学习者在阅读时思考这些问题：外国人如何看待当代中国现代化的生活？哪些现代化生活体验是他们在其他国家没有感受到的？基于这样的阅读需求，进入课文阅读，限定时间为 10 分钟，阅读过程中会有"截至""创办""会长"等词语解释，为学习者输入提供"支架"。同时，提供阅读小技巧，让学习者遇到词语障碍时可以采用化整为零的办法去猜测词语的意思。在研讨延伸环节，探讨两个问题：你认为歪果仁研究协会爆火的原因有哪些？你觉得通过这种新媒体手段了解中国文化怎么样？对这两个问题的驱动式研讨，让学习者能够沉浸式地运用阅读方法和策略整体把握文本的主要思想内容。互动协商环节，则是对其中"朝夕相处""字正腔圆""领略"等重难点词语的理解。语句理解采用判断正误的方式。语段理解则要求对已经整理好的段落大意进行补充。最后是通过问问题的方式对文本内容进行梳理：这篇文章为我们介绍的事情是什么？高佑思团队创办"歪果仁研究协会"的起因是什么？中间又经历了什么？结果又是如何？按照起因、经过和结果几个要素补充填写思维导图（见图 4.4）。

建立学习者在情境中记述故事的思维模式。

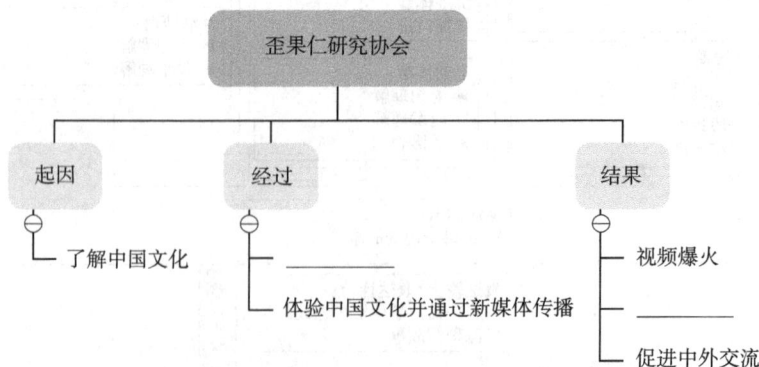

图 4.4 《歪果仁研究协会》阅读资料思维导图

资料来源：作者绘制。

内摄调节模块二，选取的阅读材料是《中乌友好使者》，引入的问题情境是："郭沫若"为什么被称为"口罩侠"呢？这位来自乌兹别克斯坦的"郭沫若"做了什么呢？要求阅读时间为8分钟，阅读过程中伴有"此前""一番"等词语理解和图片插入。延伸讨论的问题是：请描述一件在疫情期间中外友人互相帮助的感人事迹。让学习者以提问的方式迅速融入学习情境中。学习者用语言表达感人事迹的过程就是在运用记叙方法进行语言内容和结构形式的输出，建立语言表达的思维空间，呈现思维的发展过程。学习者之间的交流以及教师的及时反馈会使学习者的阅读成果进行阶段式的反应。这种互动式的交际过程是将学习者的语言运用能力外显化，为下一阶段的学习搭好"支架"。语句理解环节，采用选择文中信息的方式。篇章理解环节，要选择在文章中合理的意义解释。话语表达环节，是在前一个模块基础上，进一步打开语言输出的开放性，增强语言的交互性和交际反馈，即这篇文章为我们介绍的事件是什么？事件的起因是什么？"郭沫若"在运送口罩时发生了什么？"郭沫若"和太太后来做了什么？学习者的反馈式讲述是对此模块的整体梳理，全面呈现了学习者提取信息、理解感知、鉴赏评价的能力。

内摄调节模块三，选取的阅读材料是《零时差跨洋年夜饭》，是对"友谊之桥，中外相连"这一学习主题的阅读延伸，增强了文化体验。这是一篇泛读课文，只有语句理解，判断正误，以及篇章理解：文中提到朱兴宇"报菜名"的故事是为了说明什么？读完文章后，要标出作者的目的。这是对学习者鉴赏评价能力的考查，进一步加大了学习难度。

整合调节环节是学习者的整体学习外显化的标志反应方式。学习者从阅读的情境中走出，转向表达的沉浸式体演：借助以上阅读材料，结合借鉴之处，进行小组讨论，讲讲身边的故事，同学之间可以提提意见。学习者的角色转化为"讲述者"，打开语言开放空间，学习者在语言的建构与运用中，将学习成果进行综合性输出，从而实现有效输入、高效表达。文字的表达和输出成为内摄调节的转化，学习者结合课堂所学以及体演调节的演练，进入评价环节。教师根据评价标准对学习者的学习作品进行评审。

文字表达要求如下：

通过这一单元的阅读，我相信大家对事件的叙述已经有所了解了。现在请你按照起因—经过—结果的顺序，书写一篇留学生活中遇到的记忆深刻的故事，不少于600字。请注意依据评价标准进行写作。

以上就是基于"表达驱动"教学理论的设计模型的实践性教学设计。

（三）结果反思

1. 学习者反馈

为了解学习者对单元的学习情况，在单元教学之后，我们对5名学习者进行了访谈，对23名学习者进行了半开放式问卷调查。问卷内容包括"学习本单元后的感受""对教学方法的评价""感到有困难的学习环节""喜欢的学习环节""向教师提出教学建议"这五个维度。然后根据测评标准分析学习者的表达成果。

（1）课堂氛围活泼有趣，学习兴趣增强

关于本单元学习的整体感受部分，100%的学习者都认为比之前的阅读和写作课更有意思。具体的理由如下："老师课上给我们播放了视频，对我们来说这很有意思，我们很想读相关的内容""老师让我们写一篇文章，在此基础上，我进行了细致的阅读，对阅读的文章产生了浓厚兴趣，对我们写作有很大的帮助，所以我觉得读写课可有意思了""课堂当中我们有很多的讨论，这些讨论能让我们及时将阅读的文章讲出来，确实对我的阅读很有帮助""老师给我们的文章的反馈特别好，还让同学之间进行互评，还真是有意思。我收到了及时的反馈，对我的阅读很有帮助"。

（2）课堂表达机会增多，学习收获增多

关于对教学方法的评价，87%的学习者认为对自己的学习有帮助，特别是讨论交流环节。"在语言交互过程中，同学对我的指导和帮助发挥了重要作用，我不会的时候可以问同学，从而提高了学习的效率。"一些学习者说出了自己的困惑："虽然老师改变了教学方法，但我还是会按照之前的方法来做题。"在问及最受喜爱的学习部分时，多达 91.3% 的学习者认为在三大学习模块的阅读环节中，通过深入讨论，他们有了发言的兴趣，其中 41% 的学习者反映这使他们阅读时精力更集中，从而提升了阅读效率。学习者中有人提到，"体演调节"这一环节给他们留下了深刻的印象，他们认为讨论不仅加深了自己对阅读材料的理解，也是对写作能力的一种促进。

（3）语言学习需求被激发，教师指导作用凸显

学习者对老师的建议有："期待老师能够找到更多有意思的、接近生活的阅读材料。""我们在小组讨论的时候，希望老师可以给出更多有针对性的指导。"在以往的课堂教学当中，教师长期站在课堂的中央，学习者在内心习惯了这种状态，并形成被动听课、不能够主动思考的习惯，但其实他们对这样的课堂并不满意，希望老师在课堂上能给学习者更多的发言机会。"表达驱动"的读写课堂教学设计，让学习者站在了课堂的中央，但是学习者依然需要教师的帮助。这就将教师这一角色，在学习者的心中，从"被动接受"转化为"主动需要"。这时，教师在课堂中的指导作用能得到最大发挥。对于学习者的需求，教师可以提供必要的帮助。例如，为学习者提供丰富有趣的阅读素材，帮助学习者完成输出表达意义的建构，在学习者遇到困难时，为他们提供语言建构材料。

（4）文本输出质量提升，地道表达需进一步加强

从表达成果来看，23 名学习者都能够按照起因、经过、结果的顺序进行清晰的叙述，这说明学习者的思维框架在阅读的过程中不断被夯实。以写促读，学习者对于叙事体的阅读思维框架也得以建立。然而仔细评估学习者的语句结构之间的关系，逻辑上还是会有一些"漏洞"。这时老师需要借助更多的有利证据来反馈。如果停留在语言本体知识的讲解上，很难让学习者完全理解，这对学习者的学习积极性也造成了一定的打击，不利于语言表达的输出。

在习作语言表达方面，超过半数的学习者正确运用了阅读过程中学习到的部分词语和语言结构，使表达更加清楚、凝练、生动，从中可以看出阅读对习作的促进作用。但是另外一部分学习者，很显然在"输入"和"输出"的对接上，在"读"和"写"的衔接上，存在转化不熟练的问题。因此，教师在这一问题上，要将阅读和写作结合得更紧密，才能让这部分学习者在每次学习中实现最大的语言获得，从而在多次的重复练习中，实现程序性的自动化表达，从而实现更地道的表达。

（5）输出表达缺少思维框架，课堂供给有待提升

对于感到有困难的学习环节，17.4%的学习者认为是开始的"表达需求"环节，47%的学习者表示是在列举文章提纲的时候，他们觉得有点难，不知道要写些什么。43.5%的学习者说，在看评价标准的时候，有点不知所措，因为真的是很少看到。由此可见，长期以来，阅读和写作课的教师常常满足于让学习者"低头走路"，教授答题技巧和应试方法，让学习者缺少"抬头看路"的机会。虽然课内设计了阅读部分的思维导图，但是缺少了迁移应用的过程。学习者在明白所学有用的情况下，积极地投入语言实践中，并通过主动思考构建内在思维框架。课堂教学要为学习者提供必要的语言学习资源和语言框架，帮助学习者获得语言输出所需要的"材料"和"结构"。因此，思维框架的搭建应在学习者的语言知识、材料有充分的积累之后，用思维导图或图示的方式，简要列出输出思路。据此，各阅读材料应该发挥的作用也要做出调整。

通过以上调查和访谈可知，学习者整体接受以上教学方式，认为基于"表达驱动"教学理论的课堂教学，使学习动力大大提升，文字输出表达能力增强，真正践行"做中学"。

2. 同行评价

（1）紧扣"教学评"一体化设计课堂教学

两位老师都认为基于"表达驱动"教学理论的读写课教学，将"阅读板

块"置于内摄调节的全过程，符合学习者的认知过程，从而提高了课堂效率。对表达成果评价标准的引领是学习方向的引领，所有的阅读行为都指向写作，也就更能够在语义、结构、文化等方面形成自己的学习获得。整体来看，课堂教学结构完整，使阅读输入和表达输出形成闭合系统。教师要明确教学目标，学习者要明晰学习目标，并借助评价标准预设表达成果，从而实现高质量的表达输出。

表达输出评价标准的几个维度——"熟练运用记叙文模式""事件叙述清楚""语言简练、表达明确""故事感染力强"——与"表达驱动"教学理论应用于读写课教学并不十分契合。该标准更适用于传统的非母语学习者的语言教学，并没有站在第二语言学习者的立场上设计评价，使用频率不高。比如，学习者的文本输出存在语句不通顺、语法不正确、标点符号使用不准确等问题。因此应进一步细化评价标准，使之成为促进学习者学习的"评价工具"，而非学习的障碍。

（2）提问互动应该成为读写教学学习进阶的有力抓手

一位教师指出，在具体实施中，依然存在教师讲得多，互动交流有欠缺的问题。建议学习者发言时，教师借机进行追问，促使学习者进一步增加语言输出。

通过课堂观察，两位同行一致认为，课堂教学要建立"表达驱动"意识，教师的教学调控要针对学习者的课堂言语活动进行多轮互动反馈。学习者主动化的语言建构，伴随教师"驱动性"过程指导，学习动机由外部动机向内部动机转变，从而形成自动化学习系统。基于"表达驱动"教学理论的读写教学将阅读置于内摄调节之内，教师持续性向"表达输出"的任务引导，学习者得到持续反馈和评价。课堂从"驱动"环节，逐渐向"互动"过渡，从而推进"自动"输出表达。

（3）输出表达任务要贯穿课堂教学始终

讲讲"留学生活中遇到的记忆深刻的故事"这一教学任务应驱动课堂教

学，实现语言实践表达的主线和明线，实现"自动化"的输出过程，落实"用中学"理念。教师不应局限于阅读输入、沉浸体验、互动协商、体演调节等教学环节，要在过程中多次引导学习者进行文字表达输出。

（4）阅读材料选择和编排要有差异性和衔接性

《歪果仁研究协会》《中乌友好使者》《零时差跨洋年夜饭》这三篇材料在主题和题材上具有一致性，能够为学习者的语言输出表达做主题概念积累，同时要注意在编排难度上体现差异性和衔接性。《零时差跨洋年夜饭》相较于《中乌友好使者》的写人记叙范本更具有参照性，与单元文本输出更具有衔接性。此文本材料不应"泛读"，使"表达驱动"全流程间断，而应是"七步"教学环节中承上启下的重要环节，与最后的整合调节形成顺向连接。

（5）课堂中充足的沉寂成为学习者输出表达的必要条件

在教学中应看到学习者存在的个体差异。在进行"阅读输入"教学时要给学习者稍长时间，使其消化吸收，对阅读材料的获得有整体的认识。文字表达输出环节也要有充足的沉寂时间准备。在这个阶段，特定的语言环境有助于触景生情，激发对以往成功表达的回溯和重现，实现在相关语境下的表达唤醒和新的表达实践。学习者在任务的输出前，一般需要足够的时间进行酝酿和激活，因此，与任务驱动相关的特定场景和语言情境是语言自动表达的积极因素，也是提高语言输出效率的有效途径。

3. 教学实施者的收获

作为本次单元教学的设计者和实施者，笔者记录了行动过程中的收获、感悟和反思（1篇）。

（1）教学特色

开展理论基础上的实践，确保理论的精准落地和实施评估。"表达驱动"教学理论体现了"读写一体""学用一体"理念，尊重学习者的语言习得过程。实践中,学习者有更多表达的机会,他们的学习投入度、积极性和主动性明显高于以往传统课堂。

基于"表达驱动"教学理论的"七步"教学模式,我们坚持以学习者为中心,采取起始阶段的内生动力机制和过程中的驱动指导相结合的方式,构建学习者的语言空间,用输出反向驱动输入的效率提升,以表现性文字成果呈现学习者的阶段性学习效果。教师在教学过程中以提问和安排学习任务的方式促进学习者理解性输入和探讨性输出的同步发展,以激发学习者进行主动阅读和思考,为阅读和写作学习提供信息保证、组织保证、引导保证,促进学习者阅读理解能力和文字表达实践能力的提高。

(2)教学发现

在教学初期,笔者以教师少说、学生多说作为课堂学生主体性的特征,但这并不符合"表达驱动"的教学理念。教学后期,笔者将互动交际作为学习者语言表达输出的核心手段。因此,教师担当的角色发生了变化:他们是课堂的"驱动者",引导学习者成为语言学习的"驱动成员";他们充分参与课堂交际,成为课堂的"互动者",引导学习者成为表达实践的"互动成员";他们具有语言表达"自动者"身份,引领学习者成为实践表达的"自动成员"。"表达驱动"教学理论的课堂呈现"驱动—互动—自动"的"三动"样态,基于"表达驱动"教学理论的"三动"课堂师生角色见表 4.4。

表 4.4 基于"表达驱动"教学理论的"三动"课堂师生角色

课堂样态	教师角色	学习者角色
驱动	驱动者	驱动成员
互动	互动者	互动成员
自动	自动者	自动成员

资料来源:作者绘制。

"表达驱动"教学理论更加凸显教师的重要作用。教学设计结构要充分尊重心理学的相关调节机制，教学实施者在不同的环节要精准操作，随时给予学习者反馈指导。例如，在梳理"起因—经过—结果"的故事结构时，教师既要有意识地引导文字表达，也要按照顺序叙述，复现"表达任务"的思维框架，从而避免出现传统阅读摒弃"学用一体"认知思维模式的情况。"表达驱动"贯穿教学始终，不断激发调节机制，提升阅读和文字表达效率。

（3）教学反思

基于"表达驱动"教学理论的课堂实践指向语言的自主表达。在教学实施中，为学习者搭建语言文字表达的基石至关重要。要精准把握"输入—输出"的一致性对应关系，夯实阅读输入、沉浸体验教学环节中的语言知识积累，借助互动协商环节的正向反馈和校正修改，积累语言文字表达实践经验。

学习者心理调节对语言文字表达实践发挥了重要作用，但也不能过度依赖而忽略语言知识的积累。从学习者文本产出来看，学习者虽然积累了丰富的阅读材料，为输出提供了素材，但文字表达不够地道，缺少有效的"语言知识"表达支架。在第二轮行动研究中，我们探索将"语块"[①]作为语言知识单位，扩大语言材料单位，减少使用碎片化的语言输出。

二、读写课互动分析

为了全面评测"表达驱动"读写教学现状，在行动第一阶段，我们使用改进型弗兰德斯互动分析系统观测课堂，为"表达驱动"教学理论落地提供

---

① 在国内外的研究中，语块现象有 50 多种名称，目前 formulaic languages 作为一个通称（cover term）被广为接受。本研究提到的语块是指具有连续性的词语或者非连续性的词语组合。参见孔令跃：《对外汉语教学语块研究述评》，《华文教学与研究》，2018 年第 1 期。

更加可靠的数据支撑，并尝试提出优化策略。

"表达驱动"教学理论倡导在真实情境中通过表达激发语言学习动力，使课堂互动成为主要样态。"七步"教学模式依赖于师生的互动反馈，生生的合作交流，能够帮助学习者提升语言表达意愿，提高学习积极性，拓展学习思维深度。改进型弗兰德斯互动分析系统能够详尽地记录分析教师的教学方式、学习者的响应及师生间的互动模式，对发现课堂教学不足、提升教学策略、促进学生语言技能发展有积极意义。"七步"教学模式与传统教学相比，强调教学设计的立场转换，对学习者的学习过程进行设计，让学习过程可视化。那么，"表达驱动"教学理论是否能够为提升学习者的语言能力带来附加价值？

我们将从静态和动态两个层面，深入探讨实践效果，解析"表达驱动"教学理论在促进学生语言理解与表达能力方面的具体影响，探究促进学生学习价值增长的核心元素。基于这些发现，我们将提出优化教学模式的建议，为"表达驱动"教学理论在课堂中的有效实施提供保障。

（一）研究理据及模型构建

1. 交互式符号：社会学视角下的"表达驱动"教学模式及其课堂互动

"符号互动论"由米德学说的发扬者布鲁默（Blumer）提出，明确区分不被觉察的"客我"和社会化中的"自我"，认为教师要在教学场景中监控学习者的学习行为，承担审视、理解和管理的重要职责。布鲁默指出人的行为建立在理解事物的意义的基础上，来源于人与人之间的社会交往。因此，基于"表达驱动"教学理论的教学，应重视对语言符号（包括语言、动作、文本、技术和环境等）的重塑，通过师生和生生的语言活动加强学习者对语言文字的理解和表达。

从符号互动论角度审视"表达驱动"教学理论的读写教学互动，全面揭示语言发展的实践过程。以"表达驱动"作为教学的载体，区分和理解交际实践中的"客我"和"主我"，实现表达内容的意义共建，从而可以更准确地记录和评价学习者的学习轨迹，推动课堂内的语言表达实践。教学的核心在于将"表达驱动"作为一种新的教学互动符号引入课堂，探索表达实践中知识意义的形成、发展与调整过程。

2. 提问互动：教育学视角下的"表达驱动"教学模式及其课堂互动

基于"表达驱动"教学理论的课堂模式将思维的外显化输出视为语言学习的核心驱动力，课堂中的沟通与互动成为主要的互动机制。语言和言语的显性成果既是评估语言进步的关键证据，也是推动语言持续发展的新力量，从而形成了一个循环促进的"驱动—互动—自动"的语言学习系统。在课堂中，如何才能更好地观测语言发展的过程？要想有效观察语言表现，深入理解语言生态，教师的语言角色和学生的语言表现尤其关键。作为教学互动的重要手段，教师提出的问题被认为具有双重作用：既能促进沟通的交流功能，又能达到教学目的。这与靳洪刚在《提问互动法：语言课堂教师提问的理论与实践》一文中所提及的问题是一脉相承的。

在语言教学实践中，有效的课堂交流需要同时满足交际与教学的双重目标，由此语言教学便拥有了双重功能（见图4.5），其中包括四个交际功能和四个教学功能，涵盖了交际与教学的八个子功能。教师提问的功能性、双重性及其与课堂互动的复杂关系将是本研究讨论的重点。教师提问具有的沟通角色和教学角色的关系见图4.6。

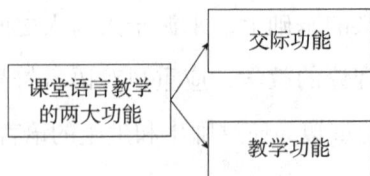

图 4.5　语言教学的两大功能

资料来源：靳洪刚：《提问互动法：语言课堂教师提问的理论与实践》，《国际汉语教育》（中英文），2018年第3卷第1期。

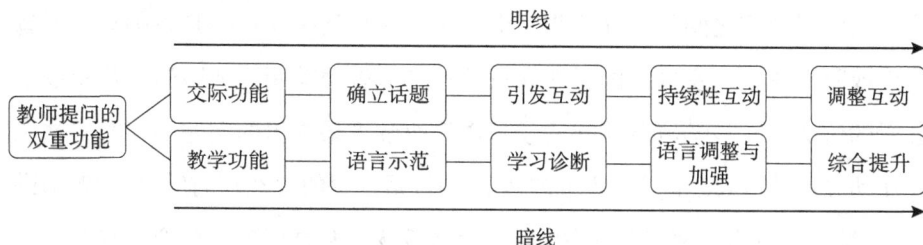

图 4.6　教师提问具有的沟通角色和教学角色的关系

资料来源：靳洪刚：《提问互动法：语言课堂教师提问的理论与实践》，《国际汉语教育》（中英文），2018 年第 3 卷第 1 期。

3. 学习增值："表达驱动"教学模式及其课堂互动品质

"七步"教学模式为读写教学过程布局谋划，涵盖学习目的、读写过程（包含内容与方式）以及表达评价。聚焦学习增值，我们主要对课堂互动品质进行静态和动态两个层面的分析和考察。

静态层面，我们将课堂交流转换成数据序列进行深度解析，探究师生互动对学习能力的促进作用。此维度主要关注课堂气氛、学生的参与程度、教学活动以及学习的投入等方面的详细信息。

动态层面，学习者经历的实质性的学习过程是学习增值的关键所在。该过程涉及两个核心的信息转化步骤：首先是教师向学习者传达信息，其次是学习者对所接收的信息进行处理。第一个阶段关注信息在人与人之间的转换，包括教师向学习者传递信息以及学习者接收该信息的过程；而第二个阶段侧重于信息的个体转化，涉及学习者将接收到的信息进行内化和实践应用。因此，分析信息在课堂上的传递与接收、接收与处理过程，为了解课堂互动质量提供了动态视角。

4. 构建课堂互动分析模式

依托"表达驱动"教学理论的核心理念，我们在传统的弗兰德斯互动分析系统架构的基础上，吸收并整合了已有的改进模型和分析工具，构建了一套读写课堂互动编码系统（见表 4.5）。该体系专门针对课堂中师生间以及学习者与学习内容之间的交互行为，引入了三种创新编码：一是教师对学习者阅读或写作作业以及成果的反馈和点评；二是教师就阅读或写作作业及成果进行的讲解；三是学习者就阅读或写作作业及成果提出的问题的回答。这三种互动方式被纳入改进型弗兰德斯互动分析系统中的"教师的反馈""教师讲授""学习者回答"这三个分类中，提供了深入剖析课堂互动的全新视角。在具体操作时，先进行细化记录，然后转化为编码1的系统进行分析计算。

表 4.5 　基于"表达驱动"教学理论的读写课互动分析模型

分类		编码 1		内容	
教师语言	间接影响	1		情感接受度	
		2		激励调控	
		3		基于学习者阅读或写作作业及成果的反馈	
		4	提问	4.1	开放性问题
				4.2	封闭性问题
	直接影响	5	讲授	5.1	基于教材的讲授
				5.2	基于学习者阅读或写作作业及成果的讲授
				5.3	多媒体呈现
		6		指示	
		7		批评或维护权威	
学习者语言		8	学习者应答话语	8.1	回答教师提问
				8.2	回答阅读或写作作业及成果中的问题
		9	学习者主动话语	9.1	主动应答
				9.2	主动提问
		10	与同伴讨论	10	讨论
沉寂		11	混乱	11	无助于教学的沉寂
		12	安静	12	有助于教学的沉寂
技术		13		教师操纵技术	
		14		学习者操纵技术	

资料来源：作者绘制。

本研究应用上述课堂互动分析模型，对基于"表达驱动"教学理论的读写课和传统讲授方式的读写课进行课堂观察。教学对象都是本科二年级的留学生。两节课的教学内容均为某大学正在开发的《立体中国》读写课电子教材中的第三单元《友谊之桥，中外相连》。单元教学共 5 课时，我们选取最能凸显教学模式典型特色的第 2 课时，即阅读材料《歪果仁研究协会》的课堂教学，并对课堂教学情况进行数据分析。其中一位教师使用"七步"教学模式进行课堂教学，另一位教师使用传统精讲的教学方式。因教学方式不同，所以教学时长也有差异，基于"表达驱动"教学理论的读写课授课时间为 40 分钟，传统教学方式的读写课的授课时间为 51 分钟。对两节课的课堂观摩和分析结果，根据改进型弗兰德斯互动分析系统矩阵展现，如表 4.6、表 4.7 所示。

表 4.6 "表达驱动"教学读写课互动分析矩阵

	1	2	3	4	5	6	7	8	9	10	11	12	13	14	合计
1	0	0	0	1	1	0	0	0	1	0	0	0	0	0	3
2	1	12	2	2	4	0	0	0	1	0	0	0	0	0	22
3	0	4	3	1	0	0	0	0	3	0	0	0	0	0	11
4	0	0	1	58	6	0	0	1	31	0	0	3	0	0	100
5	1	1	1	6	87	6	0	0	12	0	0	0	0	0	114
6	0	0	0	4	0	11	0	3	6	0	0	0	1	0	25
7	0	0	0	0	0	0	0	0	0	0	0	0	0	0	0
8	0	0	0	2	0	2	0	4	2	0	0	0	0	0	10
9	0	5	4	26	14	5	0	2	360	2	1	0	0	0	419
10	0	0	0	0	0	0	0	0	1	2	0	0	0	0	3
11	0	0	0	0	0	0	0	0	0	0	1	1	1	0	3
12	0	0	0	0	1	1	0	0	2	0	0	67	0	0	72
13	0	0	0	0	1	0	0	0	0	0	0	0	0	0	2
14	0	0	0	0	0	0	0	0	0	0	0	0	0	0	0
合计	2	22	11	100	114	25	0	10	419	4	3	72	2	0	784
比例	0.25	2.81	1.40	12.76	14.54	3.19	0	1.28	53.44	0.51	0.38	9.18	0.26	0	100
%	17.22				17.73			55.23			9.56		0.26		100
	教师总和：34.95					学生总和				沉寂		技术			

资料来源：作者绘制。

表 4.7　传统教学读写课互动分析矩阵

	1	2	3	4	5	6	7	8	9	10	11	12	13	14	合计
1	19	3	0	0	2	0	0	1	0	0	0	0	0	0	25
2	4	12	4	0	3	3	0	0	0	0	0	0	0	0	26
3	1	2	6	1	3	2	0	0	0	0	0	1	0	0	16
4	0	0	1	36	6	1	0	6	1	0	0	4	0	0	55
5	0	3	0	14	448	7	0	6	5	1	0	7	1	0	492
6	0	0	1	1	4	21	0	5	0	0	0	6	0	0	38
7	0	0	0	0	0	0	0	0	0	0	0	0	0	0	0
8	0	6	3	1	10	3	0	161	0	2	0	4	0	0	190
9	0	0	0	0	5	0	0	1	19	0	0	1	0	0	27
10	0	0	0	0	3	0	0	0	0	0	0	0	0	0	3
11	0	0	0	0	0	0	0	0	0	0	2	0	1	0	4
12	1	0	1	0	7	1	0	9	1	1	1	94	3	0	120
13	0	0	0	0	1	0	0	0	0	0	0	2	7	0	12
14	0	0	0	0	0	0	0	0	0	0	0	0	0	0	0
合计	25	26	16	55	492	38	0	190	27	4	4	119	12		1008
比例	2.48	2.58	1.59	5.46	48.80	3.77	0	18.84	2.68	0.40	0.40	11.81	1.19	0	100
%	12.11				52.57			21.92			12.21		1.19		100
	教师总和：64.68							学生总和			沉寂		技术		

资料来源：作者绘制。

（二）数据分析

1. 课堂氛围

课堂氛围考察的内容包括：教师和学习者的话语参与比例，安静或混乱的比例，还有教师间接影响学习者的状况。由表 4.8 可知，在传统的教学读写课中，教师的话语比例为 64.68%，学习者的话语比例为 21.92%；在"表达驱动"教学读写课中，教师的话语比例为 34.95%，学习者的话语比例为 55.23%。所以，"表达驱动"教学的课堂互动更多的是由学习者的言语构成，而传统教学的课堂互动则是以教师的言语为主导的。从教师间接影响言语和直接影响言语的情况看，在"表达驱动"教学模式中，教师对学习者的间接影响通常比传统教学模式要小。观察显示，在传统教学环境中，教师的言语通常占据了大部分课堂互动时间，同时教师经常对学习者的发言进行鼓励、肯定和解释。通过分析表 4.6 和表 4.7 中的数据，尤其是比较序对（3，3），我们发现传统教学模式的课堂中教师"接受或采纳学习者的意见"的行为更加频繁。

观察教师的直接和间接影响性话语后发现，在"表达驱动"教学模式下，教师对学生的间接影响稍逊于传统教学模式。在具体的课堂观察中，传统教学模式下教师的发言占据了大量课堂互动的时间，并且教师频繁地对学习者进行鼓励、肯定和解释。通过对比表格中的数据点（3，3）可以看出，在传统教学环境下教师持续采纳学生意见的行为频率超过了"表达驱动"教学环境。

就课堂静默率而言，传统教学课程略高于常模的 11% 或 12%，而"表达驱动"教学课程则略低于常模。整体来看，两个班的气氛都较为活跃。

表 4.8　课堂氛围参考变量比较

变量	"表达驱动"教学读写课	传统教学读写课
教师间接影响	17.22%	12.11%
教师直接影响	17.73%	52.57%
言语比例的间接影响和对教师的直接影响	1：3.756	1：4.151
教师语言	34.95%	64.68%
学习者语言	55.23%	21.92%
沉寂	9.56%	12.21%
技术	0.26%	1.19%

资料来源：作者绘制。

2. 教学风格

教学风格的判断依据是教师连续时间做得最多的事和指令。比较两个课堂互动分析矩阵中的序对（5，5）发现，传统教学课堂的连续教学频次为 448 次，比例为 44.40%，而"表达驱动"教学课堂的连续教学频次为 87 次，比例为 11.10%。此外，内容导向在课堂活动中的情况，可以通过矩阵中的"内容十字区域"（阴影部分）大致呈现出来。"表达驱动"教学内容十字区域比例为 34.60%，传统教学读写课程内容十字区域比例为 58.50%，传统教学较之

"表达驱动"教学课堂更多，展现"讲授式"风格，而"表达驱动"的教学课堂则主要是以学生活动为主。"表达驱动"教学读写课的指示性话语和讲授占教师话语的比例为17.73%，低于传统教学的读写课，在与学习者的互动中，"表达驱动"教学读写课主要以"教师指导学习者活动"的模式为主。但由于指示性所占比例为3.19%，低于讲授的言语时间，因此，"表达驱动"课堂教学的活动性要进一步增强。教学风格参考变量的比较见表4.9。

表4.9　教学风格参考变量比较

变量	"表达驱动"教学读写课	传统教学读写课
教师持续讲授时间	11.10%	44.40%
十字内容区域	34.60%	58.50%
教师指示性和讲授语言时间	17.73%	52.57%

资料来源：作者绘制。

教学互动的灵活性表现在教师如何回应学习者的发言。在改进型弗兰德斯互动分析系统中，教师的互动方式主要反映在矩阵的第8、9行与第2、3列以及第4、5列的交汇点。其中，第2、3列代表教师对学习者的鼓励和赞赏，以及采纳学习者的意见，而第4、5列则专注于教师的提问和叙述方法。这表明教师在回应学习者发言时，倾向于采用"鼓励与赞赏、接纳学生意见"或"提问与叙述"策略。比较两种课堂类型的互动矩阵，传统教学模式中教师采用"鼓励与赞扬、接纳或采用意见"及"提问与讲述"策略的比例为8.20%，而在"表达驱动"教学环境下，这一比例为11.10%。

可见，"表达驱动"教学模式比传统的读写教学课程展现出更高的灵活性。这种灵活性主要表现为"学生活动—教师指导"的教学模式，也体现在教师更倾向于通过鼓励学习者和阐释学习者的观点来推进教学。

3. 学习者课堂参与

在课堂参与方面，学习者的言语互动频率可以作为评估参与度的一个标准。在改进型弗兰德斯互动分析系统的课堂互动分析矩阵里，序列对（8，8）、（8，9）、（9，8）和（9，9）能有效显示学习者在课堂讨论中的活跃度。如表 4.10 所示，学习者在"表达驱动"教学的读写课中不断参与话语的比例为 47.00%，在传统教学课程中这一比例为 18.00%。此外，分析矩阵中的对角线区域为"稳定状态"（Steady State），表明某一交互类型的持续时间超过 3 秒。状态稳定的比例显示出师生有多大的机会发展语言。"表达驱动"教学的稳定状态为 78.40%，其中 46.70% 是学习者的稳定状态，表明学习者有更多机会充分表达观点。所以，学习者在"表达驱动"教学读写课中比在传统教学的课堂中的参与互动机会明显要高。

表 4.10　学习者课堂的参与度参考变量比较

变量	"表达驱动"教学读写课	传统教学读写课
学习者话语持续参与	47.00%	18.00%
稳定状态	78.40%	81.80%
教师稳定	23.10%	53.80%
学习者稳定	46.70%	17.90%

资料来源：作者绘制。

4. 学习投入与信息自我转换

本研究致力于分析教师如何解释和扩展学习者的观点、启动学习者的思维过程、评估学习者的自我参与和主动互动，以及这些因素如何影响学习者的学习参与度和信息转化能力。

第一，考察学习者对自我信息的转换能力，主要看教师对学习者的回应方式是简单表扬和称赞，还是澄清、深化和讨论。通过对比分析课堂互动矩阵，特别是第 1 至 3 行与第 1 至 3 列以及第 8 至 9 行与第 1 至 3 列的交汇区域，我们可以发现，在"表达驱动"教学模式下，教师对学生表达的接纳、鼓励或称赞以及对意见的采纳频率共有 27 次，其中对学生发言的回应有 5

次，占比达 18.50%，而在传统教学模式下，这一比例显著降低至 1.90%。但序列对（3，3）显示，传统教学课堂比"表达驱动"教学课堂更频繁地接受或采纳学习者的观点，由此可知，传统的教学课堂接受学习者的观点多为简单的肯定，缺乏深入的引导。

第二，深入研究互动分析矩阵内第 9 列的 1 至 7 行，以探讨学习者发言的触发源和教师在引导及校正学习者观点方面的作用。在基于"表达驱动"教学理论的教学模式分析矩阵里，教师引发的学习者发言占 12.90%，而学习者之间相互触发的比例达到 86.70%；在传统教学模式下的读写课程中，这两个比率分别是 22.20% 和 70.40%（见表 4.11）。"表达驱动"教学的课堂对学习者观点的引导与传统教学相比有所弱化，教师应适度加强引导和修正学习者的观点。

表 4.11　学习者语源参考变量比较

变量	"表达驱动"教学读写课	传统教学读写课
学习者的话语由教师触发	12.90%	22.20%
学习者的话语由学习者之间触发	86.70%	70.40%

资料来源：作者绘制。

第三，通过比较教师的直接与间接影响性发言，我们可以评估学习者参与的自主性水平。如表 4.8 所示，两种课堂模式中教师的直接发言均超过间接发言，这反映出教师在这两种环境下更倾向于限制而不是鼓励学习者的开放性参与。"表达驱动"教学中直接发言的比例略高，这表明对学习者开放性的鼓励较为显著，从而为学习者提供了更广阔的自主选择空间以及更大的参与自由度。

第四，分析对比教师的提问方法和学习者参与互动的热情，从而深入了解学习者的学习投入程度与信息自我转换能力。表 4.12 显示，在"表达驱动"读写教学中，教师接纳学习者意见的频率高于传统的读写课。这反映了学习者在与阅读和写作作业成果的互动中已促进了信息的个人化转换，使得"表达驱动"教学中的学习者的反馈和评价更加频繁且深入。

教师提问的频率，在传统的读写教学模式下这一比例高达55.00%，表明在传统教学环境中教师使用了更多的指导性语言。相比之下，在"表达驱动"教学中教师的提问比例仅为12.76%，强调了开放性问题的提问方式，促进学习者在处理复杂问题上思维能力的提升。同时，在"表达驱动"教学中，基于问题解决的学习者互动更加频繁，超过了传统教学方法。在学习者话语的主动性方面，"表达驱动"教学中学习者主动比率达到了98.81%，在传统教学中，这一比例为51.85%。这表明在"表达驱动"教学环境中，学习者展现出更高的自主性，参与学习和进行信息个人转化的程度更高。

表 4.12　学习投入及个人转化参照指标比较

变量	"表达驱动"教学读写课	传统教学读写课
教师采纳学习者意见	11.00%	1.59%
教师提问	12.76%	55.00%
教师提出开放性问题	75.00%	32.73%
学习者话语中学生主动比率	98.81%	51.85%

资料来源：作者绘制。

在改进型弗兰德斯互动分析矩阵内，问答式与创意问答式模型反映了师生之间的语言互动，这可以通过特定的顺序对来进行观察。在传统的读写教学中，顺序对（8，8）重复出现，表示教师频繁地进行问答，呈现了一种连续性的答题模式。而在"表达驱动"教学中，顺序对（4，4）表明，在缺乏学习者答案的情况下，教师更倾向于连续提问。通过对顺序对（8，4）的分析发现，教师回应学习者问题的频率都不高，表明这两种课堂模式在深度互动方面都不是特别显著。在创意问答模式中，对比顺序对（9，9）后发现，"表达驱动"教学中学习者表达自己观点的机会明显高于传统教学模式，表明学习者在"表达驱动"教学环境下有更多连续表达观点的机会。

5. 课堂互动人际转换

在下图中，线条①表示学习者的发言，而线条②代表教师的发言，这些线条形象地描绘了课堂上人际互动的变化过程（见图 4.7 和图 4.8）。在"表达驱动"教学模式下的读写课中，开头的 7 分钟主要由教师控制话语，但在随后的时间里，学习者的话语占据了主导地位，尤其在第 3、7、17 分钟以及 25

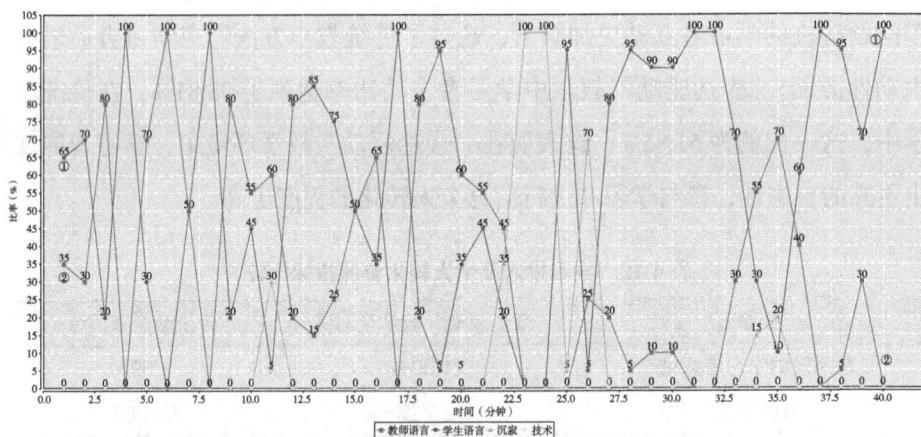

图 4.7 "表达驱动"教学读写课互动动态折线图

资料来源：作者绘制。

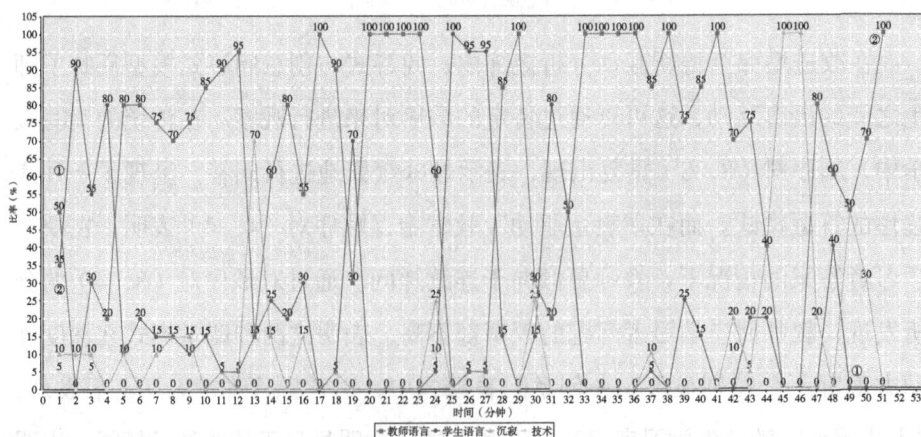

图 4.8 传统教学读写课互动动态折线图

资料来源：作者绘制。

至 32 分钟和 37 至 40 分钟，学习者发言频率达到峰值，标志着三个关键的学习表达阶段。教师会根据教学的流程及时参与互动和指导中。相比之下，在传统教学模式的课堂中，教师的发言几乎是唯一的声音，学习者的发言比例明显较低，教师发言多次达到 100%，而学习者的发言机会几乎为零，集中发言的时间大约只有 6 分钟。相较于传统教学，"表达驱动"教学的课堂为学习者提供了更多的互动机会，从动态图中可以观察到师生互动的频率和学习者参与互动的热情明显提升。

（三）结论与讨论

1. 改进型弗兰德斯互动分析系统工具强调了"表达驱动"课堂教学的优点

"表达驱动"教学呈现出"驱动—互动—自动"的课堂样态，促进了师生之间的积极互动，揭示了学习动机和知识建构过程的变化，对教育成效产生积极影响，从而促进了学习者的语言能力提升。课堂教学是一个互动过程，可以分解为"教师、教材与学习者"三者之间的互动。"师生"互动更为直观和真实，"表达驱动"教学成了一个关键的潜在因素。通过使用改进型弗兰德斯互动分析系统工具来观察和编码课堂的复杂对话，可以发现课堂交流主要表现为教师与学习者之间的言语互动，通过比较可看出传统教学与"表达驱动"教学之间教学效果的明显差异。改进型弗兰德斯互动分析系统提供了对课堂动态和静态指标的数据支持，揭示了学习过程的关键信息，为"表达驱动"教学评估提供了详细的证据。

2. "表达驱动"教学模式被证明是促进学习增值的关键

通过分析比较不同课堂的教学互动后发现，"表达驱动"教学在多个关键因素上具有显著效果，如学习者发言量、持续参与度、参与的稳定性、教师对学习者观点的扩展、教师提出的开放性问题及学生对这些问题的连续性回答等。这表明"表达驱动"教学能够有效地将学习者置于学习的中心，帮助学习者增加互动机会，提升参与度，从而更有效地参与学习过程。"表达驱动"教学与传统教学读写课课堂互动效果的比较见表 4.13。

表 4.13　"表达驱动"教学与传统教学读写课课堂互动效果比较

变量	"表达驱动"教学读写课	传统教学读写课
学习者话语总和	55.23%	21.92%
学习者持续参与度	47.00%	18.00%
学习者参与的稳定性	46.70%	17.90%
学习者连续表达观点	53.40%	2.68%
教师开放性提问	75.00%	32.73%
教师教学灵活性	11.10%	8.20%
教师对学习者观点的扩展	18.50%	1.90%

资料来源：作者绘制。

3. 对"表达驱动"教学读写课的思考

在实施"创造性询答模式"时，使用"表达驱动"教学的教师在促进学习者主动发言方面存在不足，利用学习者的观点进行进一步拓展的能力也较低。据此推断，该教学模式在帮助学习者激发创新思维、拓展思考广度以及掌握解决问题的技巧等方面效果有限。因此，在教学过程中，应重视加强阅读和写作任务的反馈与评价；提升课堂提问的开放性和创新性，扩展问题的背景和层次；设计有效的课堂互动，以便学习者进行深层次信息处理。除此之外，还需要进一步探讨的问题包括如何基于"表达驱动"教学理论更好地实施课堂教学。研究表明，教师在表扬和鼓励学习者方面做得不够，未能充分接纳和发展学习者的观点，这与学习者高度的课堂参与度形成对比。这种现象在"学习者话语对教师话语的促进作用"这一低度指标中有所体现。在基于"表达驱动"教学理论的实践中，教师的发言对激发学习者的发言作用不大。如果学习者仅针对阅读或写作任务进行互动，并没有进行深入的信息处理，那么教师就应在适当的时候提供帮助、指导和纠正，确保对学习者的发言和活动状况给予足够的重视。运用"表达驱动"教学理论进行教学，教师可以提供更多的课堂互动和信息处理方式，满足学习者的交往需求。因此，基于"表达驱动"教学的课堂应采取多样的教学方法，包括对话式、合作式、引导式和自学式教学，教师也应根据教学情境、目标、学习者需求、资源和专长来创新教学方法，促进深度实践学习。

4.研究局限

研究选用两个平行班进行比较，且主要关注的是一个板块的教学内容，缺乏对文字表达输出部分的教学观察。对"表达驱动"教学模式的探讨也仅限于某些教学环节，并没有进行更广泛的课程比较。由于课堂观察记录不够精确，一些有价值的分析细节可能遗失，从而导致结论上的误差。不同教师采用不同的教学风格也可能影响课堂互动的效果。课堂互动在评估"表达驱动"教学应用的有效性时只是一个参考，并不能全面代表整个课堂的教学情况。然而，可以预见，随着教师对"表达驱动"教学策略的进一步深化和细化，课堂互动被引入新元素，课堂教学的整体质量有所提升。

三、反思与启示

（一）成效

基于"表达驱动"教学理论提出的"七步"教学模式，我们将课堂教学的各个元素进行重整，展现了表达需求、阅读输入、沉浸体验、互动协商、体演调节、表达输出、表达评价等环节的教学，但在实施中没有突出教学重难点。通过第一阶段的教学观察和量化分析，我们发现"表达驱动"课堂教学呈现出"驱动—互动—自动"的动态课堂样态。

安德森在1982年、1983年和1993年提出技能学习框架，其更正式的名称为调试性控制理论（Adaptive Control Theory，ACT）。该理论遵循心理学中技能习得的信息处理观点，指出技能的习得过程包含从陈述性知识到程序性技能的转换，通过重复的程序性训练来实现，是掌握任何复杂技能的关键步骤（见图4.9）。语言的自动化过程需要经历不同的发展阶段。

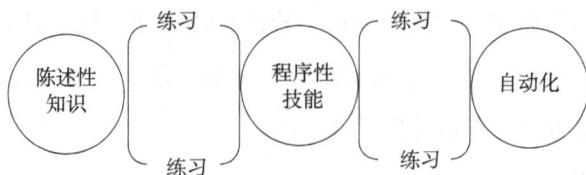

图4.9　安德森调试性控制理论

资料来源：Anderson，John R. "Acquisition of cognitive skill，" *Psychological Review*，1982（89）.

"七步"教学模式使得学习者由外部调节逐渐转变为内摄调节，最终实现整合调节，这是内在心理调节机制发挥作用的过程。而语言技能的获得在调节过程中也应该外显化为一种教学方式。与"陈述性知识"相对应的是"驱动"机制的开启，与"程序性技能"培养相对应的是课堂"互动"语言表达的展开，与"自动化"相对应的是"自动"的语言表达的产生，这一过程是"表达驱动"教学理论"驱动—互动—自动"的课堂样态（见表4.14）。此外，与"语言习得的重复程序性训练"相对应的"互动"课堂样态，是我们重点研究的内容。

表4.14　基于"表达驱动"教学理论的课堂样态

循证依据	课堂动态进程		
心理调节机制	外部调节　认同调节	内摄调节	整合调节
技能习得模型	陈述性知识	程序性技能	自动化
课堂发展样态	驱动	互动	自动

资料来源：作者绘制。

1. "驱动"样态

根据自我决定的动机理论，教师需要打开学习者的语言技能习得"阀门"。学习者经由可视化教学视频的可感可知，借助文字表达的亲身体验，产生对语言知识、材料和结构的需求，从而产生阅读动机，初步达成驱动目的

（见表4.15）。阅读技能输入为阅读输入、沉浸体验提供了重要引擎。

表 4.15　"表达驱动"教学的"驱动"课堂样态

课堂样态	课堂实施步骤
驱动	表达需求（文字表达初体验＋阅读技能讲解）

资料来源：作者绘制。

2."互动"样态

在内摄调节的几个教学环节中，阅读输入、沉浸体验、互动协商、体演调节这四个环节成为教学主体（见表4.16）。学习者在这一板块实现程序性技能的提升，实现交际"互动"。从同行评价和自我反思可知，若要加深互动协商的深入研究，就要重点对"教师提问"进行细化探讨。

表 4.16　"表达驱动"教学的"互动"课堂样态

课堂样态	课堂实施步骤
互动	阅读输入
	沉浸体验
	互动协商
	体演调节

资料来源：作者绘制。

3."自动"样态

在整合调节阶段，学习者要进行语言输出表达，并对照标准进行自评、互评和师评（见表4.17）。语言的篇章输出是单元学习的成果性展现，包含语言知识使用、材料组织、结构逻辑，需要学习者在完成阅读后衔接输出。重点在于为学习者多次提供重复使用语言的机会，将陈述性知识转化为程序化知识，实现语言自动化文字表达。在自我评价、教师评价和同伴评价的过程中，学习者得到反馈和收获。

表 4.17 "表达驱动"教学的"自动"课堂样态

课堂样态	课堂实施步骤
自动	文字表达输出
	表达评价

资料来源：作者绘制。

（二）不足

1. "驱动"样态

在表达需求环节，通过播放视频，学习者的表达需求被激发。作为反馈，应在教学中设置贴切的问题检测学习者的阅读理解能力，了解学情。在文字表达初体验中，虽然提出了文字表达的思维框架，但框架不够系统化，未从学习者输出视角细化列举。整体考虑阅读材料的篇章结构，预测学习者的文字表达障碍，搭建语言输出的思维支架。遵循语言习得规律，先借用阅读材料为文字表达输出提供必要语言知识和材料，再构建语言的思维框架，最后形成文字表达输出。因此，思维支架搭建应该后置。在阅读技能讲解部分，教师以讲授为主，学习者听课效率降低，积极性减弱。对此，可以让学习者担任小老师，对不同的阅读技能点进行讲解。同时，除了讲解阅读技能，还要实时进行"学练结合"，监控学习者的实际语言获得，寻找语言表达输出的证据。

2. "互动"样态

阅读输入环节指阅读材料的选取。选用的三篇材料虽然在主题和结构上具有一致性，但将最后一篇文章定位为泛读文章，这与"表达驱动"教学理论的学习过程不符。建议将其和文字表达的输出环节紧密相连，放在最后一个环节当作范文使用，形成"输入—输出"紧密对接模式，实现"就近"原则的语言获得。在沉浸体验环节，借助话题讨论引发学习者对阅读材料话题的理解，通过互动交流对话题发表意见，表现出对语言知识的理解。借用关键句和语言点进行表达训练，这是语言习得效果的重要评估证据。在互动协商环节，语言材料主要包括对词语、语句、语段和篇章的理解，这些都是碎片化的语言积累，不够系统化。要进一步扩大语言单位的积累，例如，对短语的理解与考察，固定结构的学习与运用。输出表达出现"漏洞"或者"差异"时，正是语言协商的关键时机。借助交流过程中的"漏洞"和"差异"，确定学习者需要掌握的语言知识点，引起学习者的注意力，并进一步开展验证各种假设的交流行为。学习者选择性地进行回应，从而促进语言知识向语言运用的转化，掌握程序化的言语技能。语言学习者通过纠正反馈或者重复输出来修正语言认识和输出，形成语言的自动化。抓住教学契机、使用合适的教学方式，是教师必须掌握的教学技能。在体演调节环节，学习者已经完成了三个阅读板块的进阶学习。教师要引导学习者在文字表达输出之前完成演练。针对"文字输出"，教师停留在前一阶段互动协商的状态，对学习者干预较多，并未给学习者更多机会进行充分表达输出。教师既不能对学习者不管不顾，也不能"步步紧逼"，而要在适当的时候，提供自动化、连续化的课堂流程，完成可供调节的交互式教学。生生互动作为这一环节的主要语言获得方式，需要经过精细化设计筹划。

3."自动"样态

在展现学习者语言学习成果的阶段，可视化的表现作品是我们对基于"表达驱动"教学理论的读写课堂教学效果的最佳检验方式。在单元学习成果中，学习者的作品选材多样，有"在疫情期间的艰难生活""第一次在食堂点菜""去北京参加考试""我第一次感染病毒"，等等。学习者虽然按照"起因—经过—结果"的顺序进行表达，且脉络清晰，但出现过于重视结构，语言表达不地道的现象，如"后来约好打球的不是我们也是他们"应改为"后来约好打球的不是他们就是我们"。语言点"不是……就是……""不是……也是……"出现混淆。"坐下了一下"应该改为"坐下来一会儿"，这样的表述更符合行文逻辑。此外，语言表达较为平实，不够生动。读写设计需要思考如何让语言表达更地道。建议加强"语块"的文字输出练习，将最后一篇阅读素材移到语言表达输出这一板块作为范文，构建起"输入"和"输出"的紧密关系。表达评价环节流于形式，未得到重视，教师进行点对点批改，未对学习者提供语言运用中的正面反馈。

（三）建议

"表达驱动"作为一种新型的国际中文教学理论，是后方法时代出现的一种自下而上的教学探索和实践成果，教师在其中起着重要的调节作用。教师要发挥"主人翁"意识，以积极主动的状态发现问题，提出改进建议。

第一，在教学设计中落实"用中学"理念。"表达驱动"教学理论倡导将语言交际作为语言学习的重要目标。因为我们很难将生活搬到课堂上，所以要注重生活情境的创设，使学习者自然而然地"用语言"。教学素材要丰富化、主流化、生活化，使语言自动化习得，语言表达真正实现习得"驱动"。阅读素材可以选择主流媒体及公众号的内容、热播的电视剧或者电影等。教师可对材料进行改编，将符合教学目标的词语、语法点、阅读技能和写作技能融入其中。文字表达输出也要着力置于真实情景中，比如"国际中文日"即将到来，为了录制一个小视频，你能否写一写你的留学故事。学习者为了录制视频，就要进行文稿的创作撰写，从而将迫切的文字表达输出需求转化为内生动力。

第二，在教学实施中细化"做中学"理念。"表达驱动"教学理论将"做中学"理念融入学习者主体地位中。学习者经历一个完整的学习过程后，将陈述性知识转化为程序化技能。教师要充分关注学习者在不同环节中的学习状态，并在"驱动—互动—自动"的课堂样态中，提供适当的语言学习支架帮助学习者进行文字表达输出。教师在实践中要多思多想，实施精细化教学。

第三，在教学过程中贯穿"评中学"理念。虽然"表达驱动"教学理论尝试开发促进教学的评价工具，但评价嵌入不恰当，教学要点不精准，教学实效不强。要平衡"阅读材料"与"输出表达"之间的关系，做到"输入—输出"一体化设计，对评价工具进行精细化设计，将评价"教"与"学"行为的内容贯穿始终。"评"在课堂中有多种表现，如反馈修正、互动点评、重复发问等，在第二轮行动研究中起着重要作用。重视评价，积极开展自评、互评和师评等多角度评价，让"评价"工具对教学起到促进作用。

综上所述，对于第一轮行动研究，我们主要探究的问题是：①如何基于"表达驱动"教学理论进行"读写课"的教学设计，做出课堂具体实施方案；②在"表达驱动"教学理论落地实施过程中，教学实施者会遇到哪些问题，同行和学习者对课堂又会有怎样的评价；③运用改进型弗兰德斯互动分析系统对基于"表达驱动"教学理论的读写课进行课堂观察，探究课堂教学的优化策略；④"表达驱动"理论指导下的教学设计应该怎样进行改进。

针对以上问题，在第二轮行动研究中，我们需要解决的主要问题包括以下几个方面。

一是教学设计要科学化、精细化、系统化。在教学实践中，学习者的"表达输出"成果并不理想，语言表达逻辑不够清晰，用语不够地道。究其原因，是在教学设计过程中缺乏对语言材料的适时供给和文字表达输出的充分练习，搭建思维框架的教学步骤过于靠前，"输入—输出"衔接不够，教学过程没有阶梯性，学习者由"阅读输入"到"文字表达"的学习内在系统不够明晰。这需要对教学设计的流程进行调整，在阶梯状的发展过程中逐渐形成语言的自动表达。

二是构建高质量的教师课堂话语体系。虽然教师在课堂中逐渐摒弃"讲授"的教学方式，但仍需加强教师的语言质量，减少一问一答式闭合互动的频率。在互动协商环节，特别要对"提问"进行细化研究，倡导开放性提问，激发学习者的思维发展，扩展语言表达空间，充分展现"驱动—互动—自动"的课堂样态。

三是提升学习者语言学习的参与度。学习者作为"表达驱动"教学课堂的主体，"做中学"的沉浸式语言习得不够。学习者要在多重的语言输入和输出的沉浸式练习中实现语言的自动化习得。

四是科学验证"表达驱动"教学对学习者阅读能力和写作能力的影响。在第一轮行动研究中，我们通过问卷、访谈等方式调查后发现，学习者的读写能力已有提升，但也只是主观感受。在下一轮行动研究中，笔者将采用对比实验，改进数据收集的手段和方法，用更科学的方式诊断"表达驱动"教学理论应用于读写教学的效果。

第五章
教学优化

在第一轮行动研究中，我们尝试将"表达驱动"教学理论运用到读写教学中，提出"三环七步"教学设计框架，形成具体的课堂实施方案。学习者、同行和教学实施者都给予了较高评价，并提出优化建议。同时，借助改进型弗兰德斯互动分析系统进行量化分析，我们发现了一些亟待解决的问题。为解决第一轮教学实践中出现的教学设计不够科学化、精细化、系统化，教学效果验证不够严谨等问题，我们开展了第二轮行动研究。

第二轮行动研究在 2023 年的秋季学期进行。授课对象为同一所大学国际教育交流学院汉语国际教育专业 2023 级二班的本科生。笔者担任观察者，由上一轮行动研究中的一位同行专家进行教学。我们将教材《立体中国》第一单元《校园之花》作为教学重点，对其进行跟踪和考察，教学时长共 5 个课时，授课时间为 2023 年 9 月 6 日、11 日、13 日。

本轮行动研究在不断优化"表达驱动"各个环节的基础上，开展对比教学实验，考核实验班（二班）与平行班（一班）中文水平考试五级阅读和写作测试成绩，考察"表达驱动"教学理论是否有助于提升语言学习水平，促进表达输出能力提升。这项研究运用问卷调查法了解学习者的学习反馈情况，借助访谈获得同行评价，并根据教学日志构成三角论证研究，就学习者读写的学习信心和动机进行测量。本章具体介绍行动研究的过程、成效、反思与启示。

一、读写课教学优化

（一）行动计划

在第二轮行动研究中，对《立体中国》第一单元《校园之花》进行观摩，为期 2 周，共 5 个课时，以便为后期教学提供指导。教学对象为国际教育交流学院本科一年级二班的留学生，班级人数 21 人，他们分别来自越南、喀麦隆、柬埔寨、泰国、乌兹别克斯坦、亚美尼亚 6 个国家，他们都已通过中文水平考试四级。在教学过程中，我们邀请两位同行进行课堂观察，对教师和学习者的课堂表现进行评价，并通过访谈深度了解教学细节，收集有助于进一步优化"三环七步"教学设计框架的材料。单元教学结束后，我们通过分析学习者的习作表达，借助问卷和半结构式访谈了解学习者对课堂教学的感受。

1. 教学目标

本单元教学目标包括阅读目标、写作目标、文化目标。

（1）阅读目标

①能够掌握阅读材料中的"相声""有趣""包括"等词语和句子的含义。

②了解三篇阅读材料中关于"校园生活里印象深刻的人的故事"的主题。

③能够通过阅读材料中不同的故事对文中的人物有所了解。

④学会正确运用标点符号，会将引述句转换为转述句。

（2）写作目标

①能够借助给出的语块，讲述学校里老师或者同学的故事。

②能够围绕两三件事详细描写"校园里印象深刻的人"。

③文章语句通顺，语法正确，语言生动，易于理解。

（3）文化目标

①能够感受到校园生活的乐趣。

②能够发现校园中人物的美好。

③提升在校园生活的幸福感，有意识地感受校园里美好的人和事。

2. 课堂实践的流程

第一单元教学主题是《校园之花》，主要内容与学校相关，是学习者熟悉的场所概念，贴合生活实际，有大量交际需求。表达需求环节播放的视频是《这里，让中文更精彩》，主要讲述了留学生们来天津学习汉语、热爱汉语、无限感恩学校的心路历程。输入的三篇阅读材料，分别是《支教梦想》《不一样的相声舞台》《在音乐中"畅想"》。第三篇阅读材料属于表达输出环节，由之前阅读输入环节的"泛读"迁移转换成"范文"。这三篇文章发挥的作用有了更细化的分工。

课堂教学环节依然按照表达需求、阅读输入、沉浸体验、互动协商、体演调节、表达输出、表达评价等进行教学实践，随着教学板块进一步精简，形成三个连续的"输入"与"输出"的闭合单元。在单元 5 个课时的教学安排中，前 3 个课时实现教学小循环，后 2 个课时尝试在前 3 个课时的基础上，通过范文直接实现语言表达单元的"输入"和"输出"的紧密对接，形成语言的"自动化"习得，达成语言表达的"自动"样态。为提升单元文字表达成果，我们在教学过程中的体演调节环节更改了之前部分"话语表达"的设计，加入了"文字表达"的输出练习。

表达输出任务包括两项：①请写一写学校里老师和同学的故事。②请调查班级 2~3 名同学，了解他们曾做过的最有趣的事，记录下来与大家分享。

具体实施流程如图 5.1 所示。

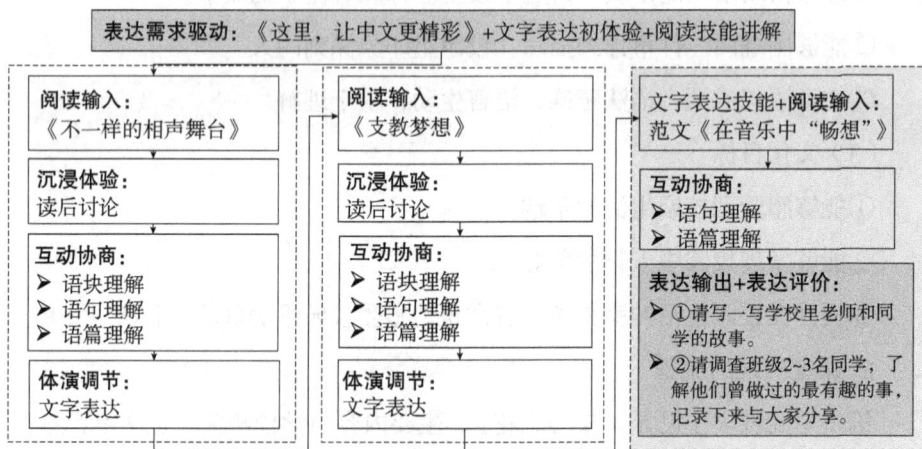

图 5.1 基于"表达驱动"教学理论的读写课教学的课堂实践流程
资料来源：作者绘制。

单元教学共 5 个课时，每个课时长 40 分钟，共计 200 分钟，教学内容和课时安排如表 5.1 所示。

表 5.1　行动研究第二阶段《校园之花》单元教学内容和课时安排

课时安排	教学环节	教学内容	教学时长
第一课时	表达需求	《这里，让中文更精彩》 文字表达初体验 阅读技能讲解	40 分钟
第二课时	阅读输入、沉浸体验、 互动协商、表达输出	《不一样的相声舞台》	40 分钟
第三课时	阅读输入、沉浸体验、 互动协商、表达输出	《不一样的相声舞台》 《支教梦想》	40 分钟
第四课时	阅读输入、互动协商、 体演调节、表达输出	《在音乐中"畅想"》	40 分钟
第五课时	表达输出、表达评价	讲评"留学生活中遇到的 记忆深刻的故事"	40 分钟

资料来源：作者绘制。

（二）设计实践

1. 明确预期表达的结果——表达需求（情境创设）

让视频《这里，让中文更精彩》驱动课堂教学，通过几位外国留学生讲述在天津师范大学学习中文的趣事，引起学习者共鸣。待交流表达意愿初次出现，教师抛出研讨的问题。

看完视频《这里，让中文更精彩》后，请大家回答下面问题：

➢ 在这个视频里，你记住了哪几名同学？

➢ 他（她）们表演了什么节目，或说了什么话？

➢ 你喜欢这里的学习氛围吗？

这几个问题是对视频内容的高度概括，提炼了重点信息：谁做了什么？说了什么？与你的关系怎么样？将教学融入生活情景中，让学习者产生积极的表达意愿。学习者初步形成表达意愿，在经历外部调节之后，激发了内在表达需求。在文字表达初体验环节，学习者通过回忆学校生活，将语言学习置于内摄调节之中。

文字表达初体验内容如下。

➤请用下面的词语和语法点描写你的老师，完成语段表达。

我的老师，高高的个子，有一头长发、一双会说话的眼睛，对待我们每一个学习者，都是那么的和蔼，那么的亲切……

语块：引导　稳定　良好　既……又……

➤请用下面的词语描写你的同学，完成语段表达。

张扬是我的同桌，也是我们班的班长，他学习非常努力……

词语：宝贵　良好　加入　培训

学习者在产生表达动机的同时，需要运用词语和语法进行表达输出。学习者在读完视频的中文稿及重点语句后，第一次在情境中学习词语，了解词语的意思，并进行文字表达输出。

在语句的文字输出过程中，会涉及很多标点符号的使用。在讲解阅读技能时让学习者了解"标点符号"的用法，这既是表达的需要，也有助于形成对学习任务的认同调节。在本次阅读技能的讲解中，可以让不同的学习者担任课堂教师，深化他们对语言的认识。

"表达需求"环节（情境创设）的调节机制见图5.2。

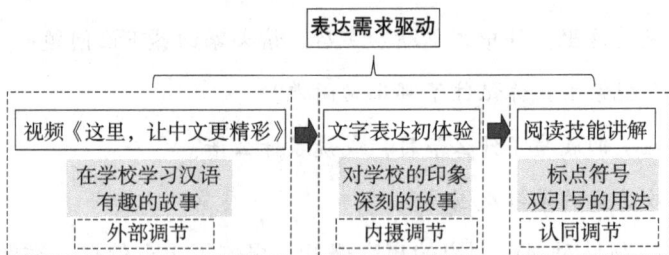

图 5.2 "表达需求"环节（情境创设）的调节机制

资料来源：作者绘制。

2. 确定合适的表达评估证据——表达成果

在第二轮行动研究中，教学设计按照"驱动—互动—自动"的课堂样态进行连续性呈现，以展现语言学习的进阶性。语言表达并非一蹴而就，而是循序渐进、呈螺旋式上升的。因此，单元的文字表达输出，依托学习过程中一次次文字表达的练习，并随着学习任务链的建立，形成语言的自然习得。文字表达成果贯穿教学的每一个活动板块。单元的文字表达评估证据如下。

➢ 请把自己熟悉的老师或同学写出来，字数不少于 300 字，并突出对典型事件的描述。

➢ 请调查班级 2~3 名同学，了解他们曾做过的最有趣的事，记录下来并与大家分享。

第一个阅读材料《不一样的相声舞台》的体演调节环节，文字表达要求如下。

习题四　文字表达

在你的学习经历中，给你留下印象比较深刻的老师或同学有哪些？请选择其中一位描述一件事，选用下面的 5~8 个词语来写一写吧。

词语：了解　彼此　有趣　不足　背景　解释　却　吸引

第二个阅读材料《支教梦想》的体演调节环节，文字表达要求如下。

习题四　文字表达：按要求回答下列问题

学校是除家庭之外，和我们关系最紧密的地方。学校不仅是学习的主要场所，也是帮助我们成长、给我们带来很多快乐的地方。在你的记忆中，给你留下印象最深刻的人是谁？他们发生过哪些有意思的事情？请试着写一写吧，写之前先完成表 5.2。

表 5.2　记录表

你要写的学校	
给你留下印象最深刻的人	
介绍这个人做的 2~3 件事情	
请用一句话评价这个人	

资料来源：作者绘制。

围绕单元的文字表达成果，讲一讲在学校里老师或者同学有趣的故事，在每个活动板块与"输入"相对接的"输出"环节中，都要设计主题概念相同但难度渐高的文字表达任务。"表达需求"环节的"表达初体验"也被纳入"表达成果"的单元学习进阶过程，为"表达成果"提供语言知识；"互动调节一"中的"文字表达"决定"表达成果"的素材选择，"互动调节二"中的"文字表达"则为"表达成果"构建思维框架；"表达输出"环节是单元的"表达成果"。螺旋上升的进阶式学习过程服务于单元文字表达。单元学习进阶过程如图 5.3 所示。

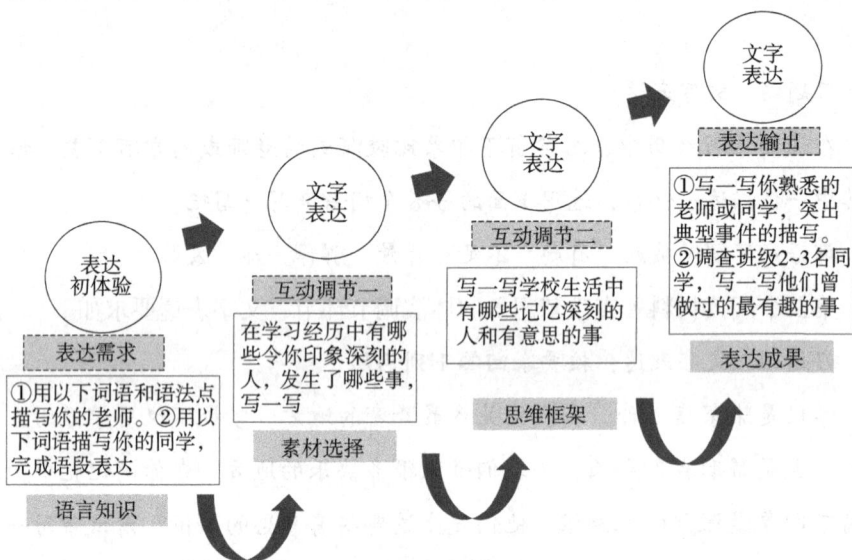

图 5.3 "表达驱动"读写课单元学习进阶过程

资料来源：作者绘制。

依据输出成果设计相应的表现性评价量表，如表 5.3 所示。与第一轮行动研究不同，本次评价量表的设置适用于基于"表达驱动"教学理论的读写课全流程的表达成果评价，具有普适性。

表 5.3 《校园之花》单元表达输出的评价标准

评价内容	主题思想			语言表达			结构组织			语法知识			标点符号		
评价主体	自评	组评	师评	自评	组评	师评	自评	组评	师评	自评	组评	师评	自评	组评	师评
1~5分															
总分															

资料来源：作者绘制。

在评价标准中，评价内容有主题思想、语言表达、结构组织、语法知识、标点符号。这里所说的主题思想是指文章是否切合题意；语言表达主要看语言的正确性、流利度、复杂度；结构组织是指文章主要包含的内容板块之间的逻辑性，所传递的信息、表达的语言思路是否清晰、言简意赅、深入浅出；语法知识是指语句表达是否与现代汉语要求相适应；标点符号是指行文中标点符号的使用是否得当。

相较于第一轮行动研究，第二轮行动研究开展"自评""组评""师评"，增加了评价主体，并借助反馈和修正，帮助学习者在互动协商中形成文字表达，实现语言自动化更迭，提升文字表达水平。

3. 设计学习体验和教学

"表达驱动"教学呈现"驱动—互动—自动"的课堂样态，三种样态关系紧密。"驱动"为"互动"和"自动"课堂样态提供了动力，"互动"承接"驱动"，发挥学习者的主体作用，在语言表达中实现双向交际和单向语言调控。"自动"样态是"互动"的直接结果。任何靠外界刺激形成的学习系统都无法真正构建起语言学习者的自我语言体系，而"文字表达"输出路径实现了学习者自我学习系统的完善和调控。"互动"样态始终伴随着语言学习，表达评价环节为学习者的自我语言学习系统提供修正和反馈，同样也是规范"自动化"的过程。伴随语言学习过程，学习者的自主学习动机得以激发，从而激活自主学习机制，开启了程序性语言获得过程。如图 5.4 所示，即为"表达

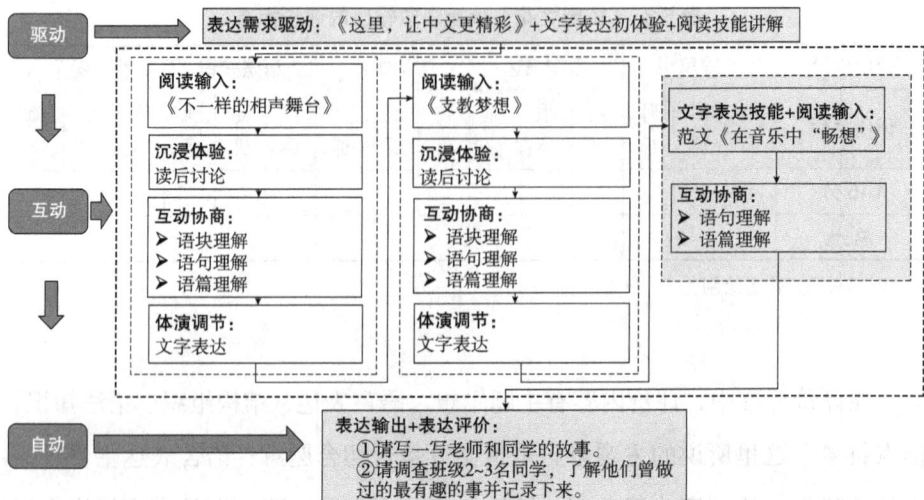

图 5.4 "表达驱动"课堂"驱动—互动—自动"样态对应的教学环节
资料来源：作者绘制。

驱动"课堂"驱动—互动—自动"样态对应的教学环节。在前两部分，已经分别介绍了"驱动"和"自动"样态的课堂教学，接下来将详细阐述"互动"样态的教学。

"互动"样态教学的具体环节如下。

①"互动"样态课堂中的模块一，是第一个"输入—输出"学习任务单元。这个单元选取的阅读输入材料是《不一样的相声舞台》。在学习者阅读之前，教师抛出"沉浸体验"的问题。

请思考以下问题，阅读课文后回答：

➢相声是什么？它对学习中文有什么作用？

➢唐磊和孔爱凯是好搭档吗？

➢你想学说相声吗？

这三个问题由简入难，形成梯度。从提取信息，到理解内容，再到与学习者之间建立联系，"阅读输入"变得尤为迫切。在正式进入"阅读输入"环节之前，可以借鉴传统阅读课的方法，出示一张生词表，让学习者积累语言知识材料，为完成表现性成果做准备。生词如表 5.4 所示。

表 5.4 《不一样的相声舞台》阅读生词表

生词	拼音	词性	英文解释　用例	级别
相声	xiàng sheng	名词	crosstalk　相声是语言的艺术。我喜欢听相声	四级
有趣	yǒu qù	形容词	interesting　一本有趣的书。这部电影很有趣	四级
如今	rú jīn	名词	nowadays　如今正是青年人创业的好机会	四级
包括	bāo kuò	动词	include　文房四宝包括笔、墨、纸、砚	四级
了解	liǎo jiě	动词	know　我很了解她。了解自己很难	四级
彼此	bǐ cǐ	代词	each other　我们彼此很了解对方	五级
搭档	dā dàng	名词	partner　玛丽是我的好搭档	六级
吻	wěn	动词	kiss　妈妈亲吻了我的脸，我很幸福	高等

资料来源：作者绘制。

生词表包含词语的拼音、词性、英文释义以及举例。学习者从形、音、义、用的角度，对阅读所需要的材料进行前置学习，是学习者进行阅读理解和文字表达输出的必要准备。

阅读素材《不一样的相声舞台》共 518 字，选自天津师范大学公众号，细读完需要 7 分钟时间。所有材料都要标注字数、来源、建议阅读时间。"阅读输入"之后进入"沉浸体验"环节，开展问题讨论。学习者在语言表达中完成思维的发展和进阶，促进语言获得和个人的信息转换加工的完成。

在"互动协商"环节，将之前对词语的理解改为对语块的理解，如"相声迷""笑点""背景""彼此"等。语段理解完成"根据课文内容，选出正确选项"的任务。语篇理解直指文章的核心主题思想，比如：文中提到孔爱凯和唐磊学习说相声的故事，是为了说明什么？读完文章后，请用"√"标出作者的目的（可多选）。这一问题让学习者将学习思维快速转换到写作的思考维度，并进一步把握材料中心思想，完成阅读输入。

"体演调节"阶段为表达输出提供"训练场"。文字表达包含两部分内容。

一个指向文本内容：孔爱凯和唐磊学习说相声的经历，给了你哪些启示？在以后的学习和生活中，你打算怎么做？另一个指向语言表达：在你的学习经历中，哪些老师或同学，让你印象更为深刻？请选择其中一位列举2~3件事，并选用下面5~8个词语来谈一谈吧。学习者迁移运用文中的词语和句子，实现沉浸式文字输出，同时积累表达素材，成为"文中人"。

②"互动"样态课堂中的模块二，是第二个"输入—输出"学习任务单元。这个单元选取的阅读材料是《支教梦想》，内容来自2022年6月15日的《人民日报》，共571字，需要通读6分钟。"沉浸体验"环节包含"如果你是一位支教教师，遇到这些困难，你会怎么做？"的问题，引发学习者对"支教"的理解和对故事的感悟，并再一次将话题讨论引入"谁？做了什么？结果怎么样？"的语言输出表达框架里。"互动协商"环节主要是对"一盏灯""下马威""合不拢嘴"等几个语块的理解和语句的理解。语篇理解则扩大理解范围，使学习者对信息进行更加复杂的加工。这一阶段为借助"词语和语法点"描写老师或者同学的学习者提供语言材料和例句。

"阅读输入"之后进入本单元文字表达输出的思维框架构建阶段：

学校是除家庭之外，和我们关系最紧密的地方。学校不仅是学习的主要场所，也是帮助我们成长、给我们带来很多快乐的地方。在你的记忆中，给你留下印象最深刻的人是谁？他们发生过哪些有意思的事情？请试着写一写吧，写之前先完成表5.2。

表格的内容是语言表达的框架结构，为学习者提供文字输出的思维框架。相较于第一轮行动研究，思维框架出现在"互动"样态的课堂板块三之前，位置靠后，是在学习者积累语言知识和表达素材之后进行的表达输出梳理，更贴合实际表达需要。

③"互动"样态的课堂板块三，突破了小"输入—输出"单元的限制，将小单元进行扩大化使用，也就是将阅读材料《在音乐中"畅想"》置于单元文字表达的大"输入—输出"单元之中。在"阅读输入"之前，还加入了文

字表达技能，具体如下。

将引述句转换为转述句。

引述句是直接引述别人话的句子。

转述句子是说话人转述他人话语的句子。

在介绍完概念之后，再介绍如何将引述句转换为转述句，并举例示范。学习者在学习之后随即练习，讲练结合，为文字表达做好铺垫。

练习：请把下面的句子改为转述句。

奶奶说："我经常回忆过去。"

　改：奶奶说，_____。

张丽说："这个建议很不错。"

　改：张丽说，_____。

班长说："北京的颐和园很漂亮，这个周末我们去看一看吧。"

　改：班长说，北京的颐和园很漂亮，_____。

心怡说："我第一次看到雪，太美了！"

　改：_____。

学习委员说："请大家准备好作业，我一会儿收。"

　改：_____。

班主任说："同学们不要浪费，能吃多少取多少。"

　改：_____。

佳颖说："桂林山水很有特点，我们作一首诗吧。"

　改：_____。

李帅说："中国美食种类很多，我们在留学期间可以慢慢品尝。"

　改：_____。

"阅读输入"之后，是对语句、语篇的理解。同时，也包括开放性任务设计，例如，根据文章内容，谈谈自己对"畅想"一词的理解。开放性问题为学习者创建了远超以往对词语的简单处理的表达空间，使学习者的深层思维得到发展。篇章阅读注重文本写作思路的思考。例如，文中介绍浩宇参加"十佳歌手"大赛并一举成功的故事，是为了说明什么？读完文章后，请用"√"标出作者的写作目的。

"自动"样态课堂包括表达输出和表达评价两个环节。表达输出环节较之前的教学行动主要有三个转变。一是提升任务的开放性，这是由语言的本质决定的。"表达驱动"教学理论以学习者视角转化设计思路。文字表达有多项任务供选择，可为学习者构建充分的表达空间。二是提升任务的实践性。精心设计的"社会调查"实践活动，使学习者亲历真实学习情境，习得语言并将调查结果用文字表达出来。三是提升任务的衔接性。在第一轮行动研究中，教学是以表达需求撬动表达输出，间隔时间较长，学习者虽然处于从外部到内部再到整合的调节机制之中，但未能建立"输入"和"输出"的强对应关系。将最后一篇阅读材料并入输出训练，实现近距离"输入—输出"强关联。"表达评价"是对自动化语言输出成果进行评估的一把"量尺"。

（三）结果反思

1. 学习者反馈

在第二轮行动研究后，为了了解本次"表达驱动"教学理论下的读写课，经过前一阶段研讨并加以改进之后，学习者对读写课的收获和感悟，在单元教学结束后，我们随机对 11 名学习者进行了访谈。问卷调查对象为参与学习的 21 名学习者，内容同第一轮行动研究的一样，包含"对本单元学习的感受""对教学方法的评价""感到有困难的学习环节""最喜欢的学习环节""对老师教学的建议"五个维度。同时，我们还对学习者的课堂文字表达作品依据评价标准进行了分析。

（1）课堂教学内容与生活贴近，学习者学习自主性高

关于本单元学习的整体感受部分，91% 的学习者都认为课堂内容丰富多彩。"从最初的视频导入，我就看到了与自己的学习生活息息相关的大学介绍。忍不住想多看看接下来老师又会为我们带来哪些精彩的内容。""在课上有很

多我们要回答的问题，但回答时必须说汉语，慢慢地，我就适应了这样的课堂氛围，真的让我更加喜欢说汉语了。""我现在在课下都会主动找一些公众号的文章来读，在读的过程中我觉得离我的生活很近，我很喜欢这样的汉语学习，我喜欢上读写课。"从学习者的访谈中可以看出，学习者学习汉语的兴趣浓厚，因为他们有一种在"用中学"的感觉。与以往陈旧的阅读材料相比，"表达驱动"教学理论下选择的教学资源更加贴近学习者的学习和生活，使学习者自主学习的动力被激发出来，真正把课堂带入了生活中，把生活搬到教室里。

（2）写的练习贯穿始终，语言学习收获丰富

在教学方法的评价中，82%的学习者认为整个单元学习过程中增加了阅读与写作相结合的任务，语言收获丰富。有学习者说，"我认为我在本单元学到的词语和语法都派上了用场，不仅可以在阅读前学习一些帮助我阅读的好方法，也学到了一些写作的表达方式，真的太有用了"。有学习者说，"一直以来，我都特别害怕写作，但是通过这一单元的多次输出表达的练习，我觉得我对写作没有那么惧怕了。希望老师每一个单元都可以这样教学，我一定每节课都来上"。

（3）课堂讲授减少，互动环节增多

对于最喜欢的学习环节，91.3%的学习者认为在课堂上和老师之间的交互、同学与同学之间的交流、学生与文本的对话交流都让他们感到主人翁意识，人人成了课堂的主体。这让我们比较乐观地相信，"表达驱动"教学模式下的课堂更加有趣高效。由此可见，对话互动交流，有助于学习者获得学习成果。不过，也有学习者提出，老师是否也可以在"阅读技巧讲解"和"文字表达技巧讲解"这两个环节的教学中进行调整，让他们有更多参与的机会。因此，知识技能板块的处理也应该具有更强的互动交流性。

（4）加大可理解、可运用的输入，使语言表达更地道

对于感到有困难的学习环节，27%的学习者认为他们在"互动协商"环

节遇到了读题读不明白的问题。比如，"在语块理解中，请为画线词语选出正确的解释。"这一部分中，关于"语块"的理解都是对词语的解释。在学习者看来，这样的语言表达方式并不是平时在实际语言交际中用到的。具体内容如下：

1. 他的同学唐磊更是相声迷。相声迷：（　　）

A. 不喜爱相声的人　B. 非常喜爱相声的人

2. 后来，两个人发现了彼此的共同爱好，成为相声搭档。

（1）彼此：A. 对方　B. 双方（　　）

（2）搭档：A. 同另一个人组成一对　B. 合伙人（　　）

3. 他知道了自己的不足，从此以后，每天用两三个小时和中国朋友练习发音。不足：（　　）

A. 不充足，不够　B. 弱点

4. 因为我们的文化背景不同，有时不理解观众的笑点。

（1）背景：A. 对某类事物起作用的客观环境

　　　　　　B. 衬托主体事物的景象（　　）

（2）笑点：A. 觉得好笑的地方　B. 觉得好笑的文化（　　）

因而，这一部分的教学应该参照中文水平考试五级的考试题来进行修改。可以在文中挖空，选项是与语块含义用法容易混淆的词语或短语。这样学习者能在语块的对比中理解语块的含义，学会语块的使用，并在语境中学习运用语块，做到融会贯通，学以致用。

（5）表达评价方式需进一步优化

有55%的学习者认为，在"表达评价"环节，学习者觉得有困难。"我觉得作文的评价对我们来说有点难，因为我们都是留学生，语言水平还是不及中国人，我觉得互评不是特别适合我们，能不能让中国学生或者老师帮助我们。""我也认为表达评价应该换一种方式，之前我们的作文都是老师批改的，这次让我们互相批改，我们不放心啊。""在评价的环节，依据评价表，我觉得很有意思，但是我不太相信我给别人的作文评价是可靠的。""评价的时候，我不好意思给我的朋友评分太低，但是老师给我朋友的评分确实不高，这可怎么办呢？"因此，本研究应该进一步加强教师评价的关注与研究，或者借助现代信息技术，进一步优化表达评价方式。

整体而言，在第二轮行动研究中学习者的语言学习获得感得到提升，学习主动性有所提高。

2. 同行评价

在访谈过程中，两位老师均表示，相比于第一轮行动研究，第二轮行动研究需要更加精细化的设计，即要让课堂教学呈现出三种样态："驱动""互动""自动"。在此基础上，我们要更好地落实教学方法和策略。

一是教师的角色定位。同行们在第一轮行动研究中对教师在课堂上的作用给予了很高的评价。在第二轮行动研究中，我们将围绕教师在国际中文课堂上应该如何发挥作用、如何提质增效等问题，对教师在课堂上如何发挥作用展开研究。

"互动"样态的课堂，教的作用较为凸显。在阅读输入环节，与第一次行动研究中教师让学习者沉浸式地读几分钟不同，本次阅读输入是教师和学习者采用互动方式进行阅读输入，这就贯彻了"表达驱动"教学倡导的"在做中学"的理念。例如，在《不一样的相声舞台》课堂中，教师先让学习者读一段，由于留学生发音不够标准，教师再读一段。在读的过程中教师要提问，引导学习者一边听，一边理解阅读材料。例如：

你听过相声吗？相声是一种有趣的曲艺，演员可以通过语言将观众逗得捧腹大笑。如今，越来越多的年轻人爱听相声，也有很多人正在学习说相声，其中就包括来自非洲的唐磊和孔爱凯。

在这段话中，学习者读完之后教师读，然后提问"唐磊和孔爱凯都来自哪个大洲"，学习者们回答"非洲"。

来到中国之后，唐磊和孔爱凯才第一次了解到相声。孔爱凯说："有一天，汉语老师播放了一段相声，我觉得很有意思，也想学一学。"他的同学唐磊更是相声迷，不仅经常收听收看各种相声节目，还多次登上校园舞台进行表演。后来，两人发现了彼此的共同爱好，成为相声搭档。

在这段话中，学习者读完后教师读，然后问："除了这里的'相声迷'，在平时的生活中还有什么'迷'？"这是一个开放性的问题，关系到词语的理解和拓展运用。有学习者说，"还有睡觉迷、音乐迷、吃饭迷等"。教师及时纠正这一"漏洞"："这里的'迷'是有固定的搭配的，比如'歌迷''影迷'等，不能觉得'迷'是'迷恋和喜欢'的意思，就随便进行组词扩展，这是不符合汉语用语习惯的。"

这样提问的方式符合"表达驱动"教学"互动"样态的课堂，学习者在听、看、理解中了解词语和句子的含义及用法，并对材料要表现的主题有了初步的认识。在第一轮行动研究后，教师充分认识到应该观察分析学习者的课堂表现，然后随时调整教学策略。这是一种积极主动的教学行为，体现了教师在课堂中以"研究者"的视角培养学习者的思维，展现出教师的能动性。

不足之处在于"霸课"现象在课堂某些环节中依然存在。在阅读技能和文字表达技能部分，教师讲得多，学习者听得也多。这样的课堂不利于学习者的自主学习。例如：

师：这篇课文中，同学们有不懂的词吗？

生：有。

师：多还是不多？

生：不多。

师：好的，我们再重点说一说，这里边对于同学们来讲会比较难的词，第一个词是"相声"。"相声"，来跟我读"相声"。

生：相声、相声、相声。

师："相声"它的发音有什么特点？

生：有轻声。

师：对，第二个字有声调吗？

生：没有。

师：它发的是什么声？

生：轻声。

师：第二个字是轻声的时候，第一个字要发重点，要使点力气发"相"。"相声"是一个名词。我们平时可以说，"相声是语言的艺术"，还可以说"我喜欢听相声"。因为它是名词，它既可以做主语，又可以做宾语。"相声是语言的艺术"，这里的相声是主语。"我喜欢听相声"，这里的"相声"是"听"这个动作的宾语。所以在不同的句子当中，"相声"既可以充当主语，又可以充当宾语。在用的时候我们可以这样用"相声"。

由此可以看出，在讲解生词"相声"的时候，教师从发音、含义、举例、用法等多个角度进行全方位的讲解。然而教师采用的是讲授的方式，因此，学习者的互动不多，参与度也远远不够。对生词的讲解处在"驱动"样态向"互动"样态过渡的开端，这并不符合"表达驱动"教学倡导的"做中学"。教师应该采用互动的方式，让学习者慢慢适应互动的状态。建议教师上课时采用"答疑解惑"的方式进行教学，或者让学习者做小老师，老师在旁指点迷津，这样教师和学习者在课堂中是合作学习、教学相长的关系。

因此，在"表达驱动"教学理论的视野下，教师角色相较于以往有了很大的变化，这是后方法时代教学角色的转变。该理论强调学习过程中学习者主体性的发展，将教师定位为一个促进和引导学习者通过表达来构建知识、发展思维能力的关键角色。教师的角色定位经历了从传统的权威传授者向学习促进者、知识共建者以及过程引导者的转变。

二是对语块的搭建和使用取得重要进展。在第一轮行动研究中，两位同行都关注"语块"的系统构建。在这次教学活动中，同行们一致认为，从表达需求环节开始，到构建每一个小的文字表达单元，教师都需要通过提供词汇、短语、语法规则以及示例句子等语言资源作为参考，这说明教师对于"语块"的挑选及应用已有了更深层次的理解。语块选择要遵循的标准是目标语表达要用到的，从小到大，可以包括字词、短语、语法结构、句子、段落结构、篇章结构等，这和三个不同的"输入—输出"单元所需的语言素材密切相关。"表达驱动"读写课单元学习"语块"的系统构建如图5.5所示。

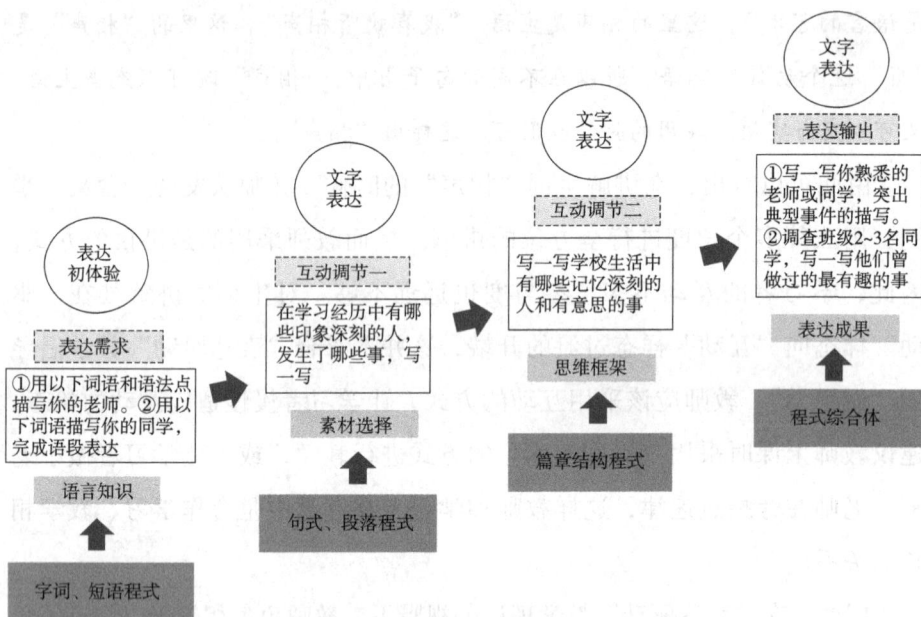

图5.5 "表达驱动"读写课单元学习"语块"的系统构建
资料来源：作者绘制。

其对应关系如下：字词、短语程式对应语言知识，句式、段落程式对应素材选择，语块的篇章结构程式对应教学中的思维框架，程式综合体对应表达成果。这也就是吉恩（Jin）提出的语言定式教学法，包含了三个层次的语块。三个层次的语块程式用于课堂教学，呈现出三个不同的交际集合。在选择的时候，教师要关注语块的相关性、层次性、交际性、生成性、适用性、承接性等原则。在具体的搭建使用过程中，教师要从小单位到大单位进行搭建，要符合学习者从微观到宏观的认知逻辑规律。

例如，文字初表达，用词语和语法点完成的语段表达就是字词、短语程式；在"文字表达"中，学习者讲述印象深刻的人和事，就是为学习者搭建句式、段落程式；完成思维框架的搭建，是为学习者的文字表达输出搭建篇章结构程式。需要说明的是，这种编排顺序只是显性的学习路径构建，在实际的操作过程中，字词、短语程式可以发生在任何环节。比如，在学习者的文字表达中出现了词语、短语的使用错误，教师要随时反馈、修正，当多数学习者都出现这些情况时，教师要面向全体学生进行讲解，这也就是将字词、短语程式的学习贯穿教学的全过程。同样地，句式、段落程式也可以根据交际任务的需要进行自动调整。

除了在教学设计中，在实际教学中教师也要针对语块进行适切性的教学。一是教师的重复性表达。这是学习者运用语块的重要前提。只有构建了充分的语言环境，语言学习者才能在实际的交际中合理运用语块。二是鼓励学习者的发展性运用。学是为了用，因此教师要在实际教学过程中引导学习者用语块来表达。但这绝不是限制学习者的思维，而是鼓励学习者进行"语块+"的使用，也就是在语块的基础上进行拓展使用。在学习者使用语块进行表达时，教师要用"你说得真好""这个语块用得真好"等话进行鼓励。在学习者不常使用时，教师也要鼓励学习者使用，如：你能使用"……"结构或者词语吗？

三是在互动协商环节中教师的语言更加精准化、科学化。访谈中，有一位同行说道，"大家有没有发现在课堂互动中，教师语言的使用更加凸显专业化"。他指出互动协商是"表达驱动"教学理论课堂的主旋律，教师的语言表达是引导学习者实现语言自动化的必经通道。在课堂中，教师的互动协商类型的列举见表5.5。

表 5.5　互动协商类型及举例

互动协商类型	教师语言范式	课堂教学实例
语义澄清	你说什么？再说一遍可以吗	这里用"培训"，不是用"培养"吧
表达确定	我这样说，大家明白了吗	"好好考虑考虑，琢磨琢磨，是 A，还是 B？"
理解检测	你的意思是什么	"为什么是 A，不是 B 呢？"

资料来源：作者绘制。

　　第一种是语义澄清，就是教师不明白，或者认为学习者的表达有问题，这时可以进行语义澄清，直接再问一遍。例如，"这里用'培训'，不是用'培养'吧？"第二种是表达确定，就是在学习者有问题和困惑的时候，教师不要求学习者直接接受自己的意见，而是让学习者重新进行选择性思考，进而实现辨析思维的发展。例如，"好好考虑考虑，琢磨琢磨，是 A，还是 B？"第三种是关乎深层次的理解，也就是教师让学习者去深度思考，会让学习者经历一个评价解释的阶段。这个难度比较高，是关乎"是什么""为什么""怎么样"的开放性问题。

　　这三种互动协商的出现在教学过程中具有进阶性，可以不具有连续性。语义澄清的互动，更多地出现在教师发现学习者问题的时候，教师为学习者提供一个发现问题的机会，聚焦"差异""问题""漏洞"，进而能为学习者的修正提供反馈。表达确定的互动，是在交际的过程中，教师引导学习者关注正确的语言表达方式而出现的一个与语言规则、固定短语进行对照的过程，是语言学习者进行元知识建构的过程。理解检测的互动，是教师为了实现语言学习的扩展表达，增加语言学习者的语言表达量，帮助学习者奠定文字表达基础。

　　教师使用互动协商的重要原则是重复，也就是只有通过重复才能引起学习者注意，进而启动思考和语言表达的机制。生生互动也会用到这些互动协商的问题，学习者不需要理性地认识到我要用怎样的协商手段去表达，而是就问题发表看法，这样就启动了互动协商的双向交互机制。

3. 教学实施者的反思

（1）在"用中学"：持续激发学习动力，促进语言学习自动化

在第一轮行动研究中，笔者作为参与者，充分感受"表达驱动"教学理论下的读写课堂是一个"驱动—互动—自动"样态的发展过程。在第二轮行动研究中，笔者再次对学习者的课堂学习动机进行重点观测，同时在学期结束后，对学习者的学习动机问题进行问卷调查和访谈。

学习者的学习动机在课堂教学中经历了几个重要阶段。一是在"驱动"样态课堂中，身临其境的视频让学习者迅速进入学习，建立立体的语言交际空间。在今后的教学中，教师可以融入多媒体和网络资源，如在线论坛、博客、社交媒体等，以丰富教学内容和形式。这些技术的使用可以帮助学习者在更广泛的领域里使用中文，同时也为教师提供了更多的教学工具和资源。二是在"互动"样态课堂中，教师通过持续不断的互动交流，使得学习者的语言输入和输出机会大大增多。听说和读写是相互独立且不均衡的技能系统。在这里，"听说""读写"语言交际技能得到不同程度的使用，使得语言能力整体提升，促进听说读写技能的整合。三是在"自动"样态课堂中，教师为学习者创造了真实的"调查"情境，创设了一个以学习者为中心的学习环境，并通过实际的语言使用场景来学习和实践汉语，提高了学习者的学习动机和参与度。教师还可以通过项目式学习、案例研究、角色扮演等教学活动，使学习者在实际的使用中掌握中文。可扩展性的语言输出空间，也让学习者的语言表达自动化成为文字表达的目标。

（2）在"做中学"：学习活动的开展呈现链条式的进阶过程

在本次教学设计中，学习者的学习产出质量在四个"输入—输出"单元中体现了学习的进阶过程。总体而言，学习者的表达逐步实现复杂度、流利度和准确度的提升。笔者清楚地记录了一位学习者在不同阶段的输出表现。

在"表达初体验"中，学习要求如下。

请用下面的词语描写你的同学，完成语段表达。

宝贵　良好　加入　培训

文字表达如下：

小明是我的朋友，她学习非常努力。她是一个很好的女孩。她帮助我很多，教我学习，使我的学习慢慢从良好变成优秀。我生病了，她买药给我吃，买了好多好吃的东西给我吃。我和她加入了很多学习俱乐部，互相帮助对方，一起学习。她现在已经当语文老师了，培训出很多优秀的学习者。我非常羡慕她。我希望我们宝贵的友谊地久天长。

在这一阶段，最主要的是学习者语言表达的练习。这段文字共 130 余字，8 个句子，有 4 个词语进入表达内容，其中，有一个词"培训"使用不当。5 个复合句，表达复杂度较高，这说明学习者在这一阶段，语言学习的流利度、复杂度、准确度都较高。这与让学习者有目的、有意识地使用预制语言组块（formulaic sequence）①，特别是与高级思维相关的高级语言结构密切相关，可以帮助学习者合理有效地分配和处理认知资源，为下一阶段的学习做好准备。预制语言组块是指人类语言中一种有规律可循、符合大脑认知处理过程、反映语义与语法匹配关系的语言单位。

在"互动调节一"的"话语表达"内容中，学习要求如下。

在你的学习经历中，哪些老师或同学让你印象比较深刻？请选择其中一位列举 2~3 件事，选用下面的 4～8 个词语来写一写吧。

了解　彼此　有趣　不足　背景　解释　却　吸引

学习者的文字表达记录如下。

大家好，我是范式滤花，今天我想跟您聊一聊在我的学习经历中，给我印象比较深刻的老师，是我的汉语老师何老师。我还记得刚学汉语时觉得有

---

① 靳洪刚：《从语言组块研究谈语言定式教学法》，《国际汉语教育》（中英文），2016 年第 1 卷第 1 期。

点难：词汇、语法很多，让我想放弃。多亏了何老师的鼓励和指导，我更加自信。她让我对汉语感兴趣，她很关心学习者和有专业的教学方法，她让我了解了中国的文化。她启发和鼓励了我很多，遇到难题的时候，她详细给我解释，我被她的教学方法吸引了，这使我更加努力和下决心要把汉语学好。每次做错题时，她不斥责却很和蔼地说出我的缺点。我觉得我非常幸运成为她的学习者。虽然我现在已经出国留学，但是我和老师仍然保持联系，因为她像妈妈一样总是听我的心声，给我最真诚的意见。我会更加努力，坚持到底，以不辜负老师的付出。

学习者在讲述自己的老师时用了固定的几个词语，对"汉语老师何老师教我学习汉语知识""汉语老师教我汉语文化""汉语老师很关心我"这三个主要事件进行描述，形成了学习者进行长篇章表达的素材积累。

在"互动调节二"中的"文字初表达"内容中，学习者的思维框架如表5.6所示。

表 5.6 《校园之花》单元表达输出学习者思维框架举例

你要写的学校	天津师范大学
给你留下印象最深刻的人	李老师，他负责综合课
介绍这个人做的 2~3 件事情	虽然只是第一次见面，但我觉得他是一个很好的老师。第一堂课，他教了很多好的知识，他很热情地给我们解释难题。他非常专业，也有点幽默。他不但教授语言知识，而且在每堂课都会讲授生活、文化方面的知识。来到天津师范大学并成为他的学习者，我觉得非常幸运，所以我会更加努力，以不辜负他的付出
请用一句话评价这个人	老师很幽默，很热情，很关心学习者，是一位伟大的老师

资料来源：作者绘制。

文字表达思维框架的展现，是前两个阶段学习成果的展现。学习者的文字表达思路清晰，为篇章表达建立基础。

在"表达输出"的"文字表达"内容中，学习者的作品如下。

在我的记忆中，最令我难忘的老师是我的中级汉语老师。她姓李，我们常常称她为李老师。她是北京语言大学的一名老师，也是我那年在北京语言大学学习第一学期课程时的班主任。李老师是一位温柔的女性，身材娇小，短发，笑容灿烂。她给我留下非常深刻的印象就是上第二节课时她就记住了全班同学的名字。老师说记住名字可以帮助她更快地与学习者拉近距离。

因为我们是在线学习，所以在学习的过程中会有很多困难。同学们来自不同的国家，有时当她用中文授课，而学习者听不懂时，她就会用英语或者图片来帮助他们理解。李老师的作业不难，每节课结束时，她都会总结重点语法和词汇。如果同学们有什么问题，她都会尽力解释和帮助。哪怕有时候老师生病，也仍然会定期批改大家的作业。

对我来说，在老师的鼓励和帮助下，我已经进步了很多。每次她修改完作业后，都会多写上一句勉励我的话，如"英书真棒，继续努力哦""你进步很大啊""英书是个努力的姑娘，加油哦"，这些话语让人心里热乎乎的。能够得到老师的帮助和支持，我真的非常感动。

李老师对工作的热情和奉献让我极为敬佩，这也是为什么我的梦想是成为一名中文老师。我也想像她一样，传播知识，为热爱汉语和中国文化的人们提供帮助。我觉得自己很荣幸能成为李老师的学习者，我深深地感谢她。但愿她每天都能笑得阳光，身体健康。

从这篇作文来看，总字数500余字，超过了300字的最低字数要求。教师的评语是"语言表达流畅，感情也很真挚。加强汉字的书写练习，你会更棒"。同学的评价是"主题明确、语言顺畅、结构清晰，每一段都表达一个中心思想，大部分语法准确，但标点符号使用不够准确"。还有同学说，标点符号——逗号的使用不恰当，语法基本正确。学习者的自我评价是"在课文学习的过程中，我渐渐学到了作文该怎么写，表达构思很快，不用想太多了"。由此可见，语言学习任务实现了整体性的自动化的表达输出，输出质量高，在流利度、复杂度、准确度等方面明显提升。

纵向观测"表达驱动"教学的四个任务单元（见图5.6），学习者虽然在表达内容上呈现出一定的差异性，但阅读学习的成果——语言知识、素材选择、思维框架——都在最终文字表达成果中展现出来。可以看出阅读对写作起到了积极作用，单元的进阶学习也都取得了很好的效果。

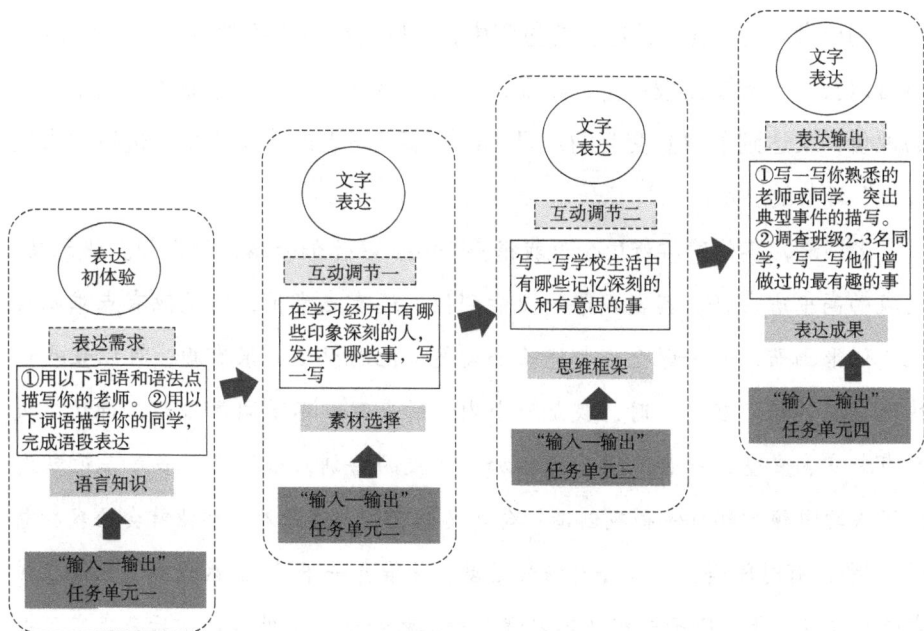

图5.6　"表达驱动"教学课堂四个"输入—输出"任务单元

资料来源：作者绘制。

因此，在四个表达阶段中，四个"输入—输出"小单元构建起了整体教学单元。任务和任务之间建立起联系，帮助学习者完成语言学习的进阶过程。系统化设计学习者语言学习路径，让学习者在每一个学习阶段学有所得。这也是"表达驱动"教学课堂"驱动""互动""自动"课堂样态内在学习过程的展现。

（3）在"评中学"：让连续多元的反馈促进学习者的元认知策略提升

第二轮行动研究中的评价与第一轮行动研究相比，有了更精细化的设计，即从评价量表的简单出示，到评价主体的多元化设计和实施，实现了"自评""组评""师评"三元立体评价。在实践中，我们发现这种评价方式扩展了互评的范围，学习者可以通过评价实现元认知的自动化交互过程。非母语者即使在语言学习中取得了很大的进步，也会受中介语的影响，不能得到最中肯的语言评价。在具体的实施过程中，教师可以找几篇学习者的优秀作品，也可以找几个问题比较严重的作品，进行班级共评。这既达成了对文本作品的评价，又达到了课堂交互的效果。以一篇学习者的作文为例，进行"表达评价"环节的展示。

老师好，各位同学好！今天我很高兴可以跟你们介绍我的老师。他姓梁，是我的高中班主任。其实我第一次看到他，还有点害怕，感觉他有点难以接近。他很幽默，一讲课全班都能哈哈大笑，他的讲法也很有趣，可以让我们快速接受知识。在高一时，我是一个内向的女孩，不跟同学聊天，行动路线只有教室、食堂、宿舍。由于我参加了学校的培训，跟他见面多了，他就发现了我的问题。那时他帮我创造机会多交朋友，一有课外活动他就会给我打电话："喂，有时间吗？今天会有课外活动，你准备一下。"虽然我知道他是在帮我改掉缺点，但是刚开始我还不习惯参加各种社团、课外活动，后来我交了很多朋友。他还教我很多，从学习方面到生活中，常劝我该做什么，该怎么学习才能有更好的结果，甚至告诉我可以坚持学汉语，申请奖学金来中国学习。他常跟我说："不要放弃，想试就试，不要害怕，因为你还年轻，失败了或没有达到目的，可以回头，用积累的经验来再试一次。"我参加高考时，梁老师和他的爱人都在鼓励我，让我不要那么着急，好好考试，只有取得更好的成绩，才能不辜负老师的良苦用心，很开心我没有辜负他的培养。毕业后，我们还有联系，而且到现在，他还给我爸爸打电话，问我学习怎么样，是否适应了现在的生活，等等。我想可能因为他是我们班的第一位班主任，所以我印象比较深刻。最后，我真是非常感谢他，如果没有他，就没有我的现在。

首先，学习者在组内进行小组互相评价，围绕"我的高中班主任"这一作文主题进行讨论。结构是很清楚的，围绕"我的班主任让我性格变开朗""我的班主任教会我学习汉语的方法并帮助我上大学""毕业后我与班主任保持联系"这三个事件介绍班主任，表达"他的性格幽默，关心爱护帮助我"的主要思想。但是在语言框架的外在表现——分段表达方面，学习者并未达到要求。因此，我们认为学习者的框架意识还是不够，要在今后加强练习。在语言流利度方面，要关注语序问题。要加强语言使用的适切性，如"该怎么学习才能有更好的结果"，这里的结果可以改成"效果"。学习者的作品也表现出一些优点，如标点符号使用准确，转述句使用准确等，说明他们在课堂学习中有实际收获。

在小组中讨论评分之后，可以再进行个人自评。组评的两三位同学评价后，再通过老师评价，来验证自我表达成果的得分。启动学习者元认知学习系统，对学习者自动化学习表达有一定的好处。教师在全班共同评出优秀作文和需要改进的作文，以此实现学习者的自我调控和语言习得。评价的线性安排是"组评—自评—师评—调整自评"。

二、读写课教学效果分析

为了解"表达驱动"教学理论组学习者的阅读和写作能力带来的改变，我们对实验组和对照组一学期的教学效果进行测量和分析。同时，为探究"表达驱动"教学理论对学习者汉语读写学习信心水平和动机水平的影响，对学习者进行问卷调查和访谈。我们采用混合研究法收集数据，以验证以下两个假设。

假设1，与传统教学方式相比，"表达驱动"教学更能提高学习者的阅读和写作能力。

假设2，与传统教学方式相比，"表达驱动"教学更能激发学习者对汉语读写的学习信心和自主学习动力。

（一）阅读与写作成效

实验流程分为三个阶段。第一阶段：2023年9月2日—9月10日（学期初）。实验组向学院提交实验计划和需要得到的支持。学院审批通过后，召开了2023级一班和二班的教学实验说明会，强调学习期间的其他教学活动基本保持一致，并在开学第一天对学习者进行中文水平考试四级和中文水平考试五级的阅读和写作测试，全面掌握学习者的学习情况。为保证测试总成绩的公平公正，检测成果由两位老师进行互评。评卷之后，两位老师自查，针对有异议的情况及时研讨，必要时邀请第三位老师进行复核，确保评分准确。第二阶段：2023年11月1日—11月10日（学期中）。实验组和对照组的老师们，再次用一份新的中文水平考试五级试卷的阅读和写作部分来检测学习者。批改试卷方式如上。之后，我们对学习者和授课教师进行访谈，了解学习者近一段时间的语言学习情况。第三阶段：2023年12月25日—2024年1月5日（学期末）。第三次检测学习者时，实验组教师和对照组教师选择了中文水平考试五级的新试卷，进行阅读和写作部分的测试。批改方式同上。具体流程如图5.7所示。

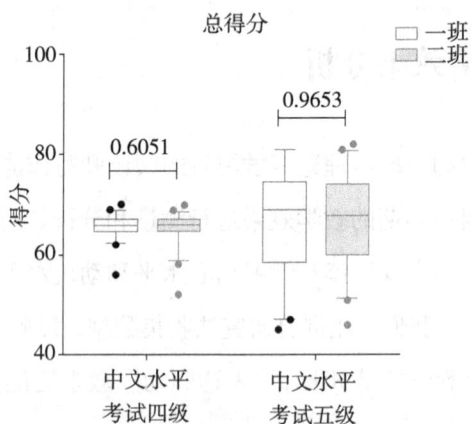

图5.7　一班和二班学期初中文水平考试四级、中文水平考试五级阅读写作总成绩得分独立样本T检验箱图

资料来源：作者绘制。

1.学习者基本情况

本次实验中，2023 级一班（对照班）和二班（实验班）的学习者，共计 42 人，都已通过中文水平考试四级，拿到中国政府奖学金。我们在实验之前对学习者的汉语水平有影响的几个因素进行分析。其中一个因素是两个班的汉语课程安排情况，课程表如表 5.7 所示。两个班每周的课程都是汉语读写课 4 课时，综合汉语 8 课时，汉语口语 4 课时，汉语听力 4 课时。除汉语读写课采用的教学模式不同，其他课程的教师都用相同的教案进行教学。两个班安

表 5.7　国际教育交流学院 2023—2024 学年度第一学期课程表

星期	节次	2023 级一班（教研楼 204）课程	2023 级二班（教研楼 209）课程
周一	第一节	汉语读写	汉语读写
	第二节		
	第三节	综合汉语	综合汉语
	第四节		
周二	第一节	汉语口语	汉语听力
	第二节		
	第三节	汉语听力	汉语口语
	第四节		
周三	第一节	综合汉语	综合汉语
	第二节		
	第三节	汉语读写	汉语读写
	第四节		
周四	第一节	汉语听力	汉语口语
	第二节		
	第三节	综合汉语	综合汉语
	第四节		
周五	第一节	综合汉语	综合汉语
	第二节		
	第三节	汉语口语	汉语听力
	第四节		

资料来源：作者绘制。

排的课外活动几乎相同，均按照学院的统一计划执行。所有授课教师具有相当的教学经验，均为拥有 10 至 15 年工作经验的教师，其敬业态度亦无明显差别。在这项教学实验中，教学方法作为自变量，而受试者的中文水平考试五级阅读和写作成绩则作为因变量。

两个班的学习者在除读写课之外的汉语课程情况见表 5.8 和表 5.9。

表 5.8　一班学习者基线特点表

代号	性别	年龄／岁	国籍（地区）	中文水平考试四级学期初成绩／分	中文水平考试五级学期初成绩／分
1	女	21	越南	70	68
2	女	20	喀麦隆	68.5	64
3	女	21	柬埔寨	66	58
4	女	19	柬埔寨	65.5	81
5	男	21	泰国	64	69
6	女	20	泰国	65	78
7	女	20	泰国	65	74
8	女	20	泰国	65.5	45
9	女	21	泰国	65	52
10	女	21	泰国	56	60
11	女	20	泰国	66	81
12	女	20	泰国	69	73
13	女	20	泰国	67	73
14	女	20	泰国	67	70
15	女	19	泰国	67	59
16	女	18	乌兹别克斯坦	68.5	81
17	女	22	亚美尼亚	64	71
18	女	23	亚美尼亚	66	47
19	女	23	越南	66	75
20	女	24	越南	65	59
21	女	25	越南	62	48

注：依据题型制定了评分标准，中文水平考试四级阅读和写作试题满分 70 分，中文水平考试五级阅读和写作试题满分 85 分。

资料来源：作者绘制。

表 5.9　二班学习者基线特点表

代号	性别	年龄 / 岁	国籍（地区）	中文水平考试四级学期初成绩 / 分	中文水平考试五级学期初成绩 / 分
1	女	20	越南	52	60
2	女	20	越南	66	64
3	女	21	越南	67	80
4	女	20	越南	67.5	68
5	男	21	越南	70	68
6	女	20	越南	66	67
7	女	20	越南	67	73
8	女	19	越南	62	51
9	女	21	乌兹别克斯坦	65	58
10	女	21	越南	65.5	61
11	女	20	乌兹别克斯坦	66	78
12	女	20	亚美尼亚	67	71
13	女	20	亚美尼亚	65	72
14	女	20	越南	58	68
15	女	19	泰国	67	60
16	女	19	越南	66	82
17	女	22	喀麦隆	69	73
18	女	20	柬埔寨	65	46
19	女	23	柬埔寨	66.5	75
20	女	24	泰国	64	61
21	女	25	越南	65	53

注：依据题型制定了评分标准，中文水平考试四级阅读和写作试题满分 70 分，中文水平考试五级阅读和写作试题满分 85 分。

资料来源：作者绘制。

2. 教学基本情况

实验组和对照组的教学时长一致，学习材料相同。实验组的教学采用"表达驱动"教学模式，对照组教学采用传统的教学方式。实验组在"驱动"

环节，带领学习者观看视频，进行文字表达初体验，并开展阅读技能讲解。对照组没有"驱动"环节，出于教学伦理和公平，也观看了视频并进行了讨论，但没有文字表达初体验环节和阅读技能讲解环节。实验组在"互动"样态课堂中，主要学习了三篇阅读材料，让每一篇材料都形成一个"输入—输出"小单元。实验组具体按照以下步骤进行教学：一是阅读输入，材料阅读；二是沉浸体验，读后讨论；三是互动协商，对语块、语段、语篇进行互动式理解；四是体演调节，文字表达。对照组没有"互动"的要求，采用精讲的教授方式，带领学习者精读三篇阅读材料，并对每一篇材料进行精细化讲解。主要内容包括：段落、词句、大意、细节；篇章结构、主要思想、段落大意、段落主题句、难句讲解、生词讲解；阅读练习；布置作文作业（见表 5.10）。两个班每个单元的教学时长均为 5 课时。

表 5.10　实验组和对照组的教学实施流程

	实验组	课时安排		对照组	课时安排
驱动	表达需求驱动：观看视频＋文字表达初体验＋阅读技能讲解	1.5 课时		先观看视频，再进行讨论（1 课时）	1 课时
互动	学习三篇阅读材料，让每一篇阅读材料形成一个"输入—输出"小单元。具体按照以下步骤进行教学：①阅读输入，材料阅读；②沉浸体验，读后讨论；③互动协商，对语块、语段、语篇进行互动式理解；④体演调节，文字表达	2.5 课时	精读精讲	精读三篇阅读材料，并对每一篇材料进行精细化讲解：①段落、词句、大意、细节；②篇章结构、主要思想、段落大意，段落主题句、难句讲解、生词讲解；③阅读练习；④布置作文作业（出于研究伦理，对写作进行补救性讲解）	3 课时
自动	文字表达（一般作为课下作业）＋表达评价	1 课时		作文书写（一般为课下作业），只批改，不进行全班讲评	1 课时

资料来源：作者绘制。

3. 实验步骤及数据分析

第一阶段：开学初，对学习者的中文水平考试四级和中文水平考试五级学习情况进行检测。

之所以要了解中文水平考试四级的情况，是因为想再次检测学习者的汉语学习基础，排除因考试成绩时间久远，学习水平发生较大差别的可能。我们利用 SPSS 软件进行两组独立样本 T 检验分析，测试统计意义上两个班是否存在差异。

据两个班的中文水平考试四级阅读和写作成绩（见表 5.11），实验班（二班）均值为 65.07 分，对照班（一班）均值为 65.62 分，T 值等于 0.5215，P 值等于 0.6051，大于 0.05。可见，两个班的阅读和写作汉语水平相当。但是，本次设定中文水平考试四级阅读和写作成绩满分为 70 分，由于两个班的学习者成绩都接近满分，无法进行前后测的对比分析，因此我们还对两个班进行了中文水平考试五级阅读和写作检测。

表 5.11　学期初中文水平考试四级各班阅读写作总分独立样本 T 检验

班级（Class）	人数（N）/人	均值（Mean）/分	标准误（Standard Error of the Mean）	T 值	P 值
一班	21	65.62	0.6286	0.5215	0.6051
二班	21	65.07	0.8418		

资料来源：作者绘制。

据两个班的中文水平考试五级成绩（见表 5.12），实验班（二班）均值为 66.14 分，对照班（一班）均值为 66.00 分，T 值等于 0.0438，P 值等于 0.9653，大于 0.05。可见，两个班的汉语水平相当。中文水平考试五级阅读和写作部分的总分是 85 分，说明两个班学习者的成绩有很大的提升空间。

在实验的第二阶段和第三阶段，我们对两个班的中文水平考试五级阅读和写作学习情况分别进行检测，成绩如表 5.13 和表 5.14 所示。

表 5.12 　学期初中文水平考试五级各班阅读写作总分独立样本 T 检验

班级（Class）	人数 （N）/人	均值 （Mean）/分	标准误 （Standard Error of the Mean）	T 值	P 值
一班	21	66.00	2.507	0.0438	0.9653
二班	21	66.14	2.089		

资料来源：作者绘制。

表 5.13 　一班学习者学期中、学期末中文水平考试五级阅读和写作总成绩

代号	性别	年龄/岁	国籍（地区）	学期中成绩/分	学期末成绩/分
1	女	21	越南	83	81
2	女	20	喀麦隆	67	72
3	女	21	柬埔寨	77	71
4	女	19	柬埔寨	82	78
5	男	21	泰国	61	65
6	女	20	泰国	68	63
7	女	20	泰国	68	61
8	女	20	泰国	52	60
9	女	21	泰国	74	68
10	女	21	泰国	65	62
11	女	20	泰国	79	69
12	女	20	泰国	78	75
13	女	20	泰国	78.5	75
14	女	20	泰国	67	71
15	女	19	泰国	66	74
16	女	18	乌兹别克斯坦	76	71
17	女	22	亚美尼亚	74	76
18	女	23	亚美尼亚	52.5	60
19	女	23	越南	80	70
20	女	24	越南	73.5	66
21	女	25	越南	65	60

资料来源：作者绘制。

表 5.14　二班学习者学期中、学期末中文水平考试五级阅读和写作总成绩

代号	性别	年龄/岁	国籍（地区）	学期中成绩/分	学期末成绩/分
1	女	20	越南	72	71
2	女	20	越南	79	79
3	女	21	越南	84	81
4	女	20	越南	79	78
5	男	21	越南	78	75
6	女	20	越南	78	79
7	女	20	越南	79	75
8	女	19	越南	58	72
9	女	21	乌兹别克斯坦	63	83
10	女	21	越南	68	69
11	女	20	乌兹别克斯坦	78.5	77
12	女	20	亚美尼亚	73	80
13	女	20	亚美尼亚	72	76
14	女	20	越南	81	73
15	女	19	泰国	63.5	62
16	女	19	越南	80	74
17	女	22	喀麦隆	79	70
18	女	20	柬埔寨	54	64
19	女	23	柬埔寨	79	76
20	女	24	泰国	84	67
21	女	25	越南	75	71

资料来源：作者绘制。

我们利用 SPSS 软件进行单因子方差值分析，测试统计意义上两个班是否存在差值，其结果见表 5.15 和表 5.16。

表 5.15　各班学期中中文水平考试五级阅读和写作总成绩独立样本 T 检验

班级（Class）	人数 （N）/人	均值 （Mean）/分	标准误 （Standard Error of the Mean）	T 值	P 值
一班	21	70.79	1.9209	−1.2678	0.2122
二班	21	74.14	1.8225		

资料来源：作者绘制。

表 5.16　各班学期末中文水平考试五级阅读和写作总成绩独立样本 T 检验

班级（Class）	人数 （N）/人	均值 （Mean）/分	标准误 （Standard Error of the Mean）	T 值	P 值
一班	21	68.95	1.39	−2.69	0.0103
二班	21	73.90	1.20		

资料来源：作者绘制。

从结果可以看出，在学期中成绩的比较中，T 值为 −1.2678，P 值为 0.2122，高于通常的显著性水平 0.05，这表明学期中两个班级的成绩没有显著性差异。而在学期末成绩的比较中，P 值为 0.0103，低于 0.05 的显著性水平，这表明两个班级的学期末成绩存在显著性差异，二班的学期末成绩显著高于一班（见图 5.8）。

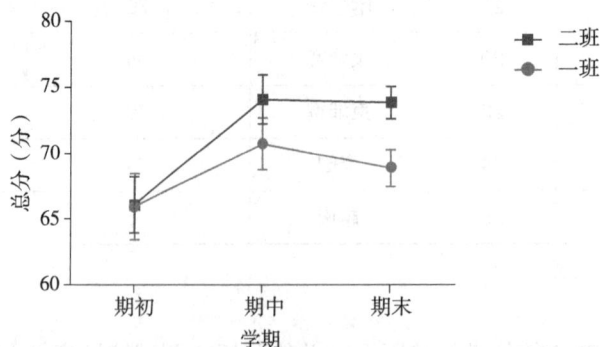

图 5.8　各班级学期初、学期中、学期末中文水平考试五级总成绩变化情况
资料来源：作者绘制。

综合来看，在进行了详细的数据分析和统计检验后，我们对两个班级的学习者在应用"表达驱动"教学理论前后的中文读写能力进行了比较。研究的初衷是探索这一教学理论在国际中文读写教学领域内的实际效果，特别是其对学习者语言能力的影响。通过独立样本 T 检验的方法，我们对两个班级在学期初、学期中和学期末的中文水平考试五级阅读和写作成绩进行了对比。据学期初和学期中的数据分析结果显示，两个班级之间的成绩差异并不显著（学期初的 T 值为 0.0438，P 值为 0.9653；学期中的 T 值为 -1.2678，P 值为 0.2122），这表明在教学实验的开始阶段和中期阶段，两个班级的学习效果没有明显差异。

然而，随着教学实验的深入，特别是到了学期末，情况发生了显著变化。两个班级的成绩出现显著差异（T 值为 -2.69，P 值为 0.0103），这表明经过一个学期的"表达驱动"教学实践，实验班的学习者在中文读写能力上取得了比对照班级更为显著的进步。这验证了"表达驱动"教学理论能有效提高学习者的中文读写能力。

"表达驱动"教学理论强调学习者的表达需求，通过提供丰富的语言输入材料和鼓励学习者在真实语境中使用语言进行表达，从而促进学习者语言能力的提高。研究成果证明"表达驱动"教学理论在国际中文读写教学中的有效性，为语言教学提供宝贵的实证支持。将"表达驱动"教学理论应用于国际中文读写教学实践，能够显著提升学习者的语言学习成效，有助于培养学习者的交际能力和文化理解能力。

（二）对信心和动机的影响

本研究采用里克特五级量表编制的调查问卷，涵盖学习信心和学习动机两个核心维度。依据王亚冰和黄运亭的《自我效能感和二语成就关系的元分析》，从以下几个方面考察"表达驱动"教学理论对学习者读写信心和动机的影响，并通过预测试和专家评审确保问卷的有效性。"表达驱动"教学理论实施完成后，我们对实验班（二班）和对照班（一班）的学习者开展问卷调查（见表 5.17），收集学习者的反馈意见。

表 5.17　学习者学习汉语的信心水平和自主学习动机的调查

项目序号	学习信心	强烈反对	反对	中立	同意	非常同意
1	通过读写课，我对中文读写的信心有了明显提升	1	2	3	4	5
2	感觉自己在上读写课的时候，可以比较有把握地把自己的所思所想、所看到的东西表达出来	1	2	3	4	5
3	在读写课上，我在中文写作上的自我效能感有所提高	1	2	3	4	5
4	我认为上完读写课能够帮助我克服学习中文的障碍	1	2	3	4	5
5	在读写课上，我感到更加自在和放松，这有助于我的学习	1	2	3	4	5
项目序号	学习动机	强烈反对	反对	中立	同意	非常同意
1	读写课激发了我学习中文的兴趣	1	2	3	4	5
2	读写课让我更有动力持续学习中文	1	2	3	4	5
3	我相信读写课能让我更深入地了解中国文化，从而增强我的学习动机	1	2	3	4	5
4	读写课使我更愿意参与课堂活动和讨论	1	2	3	4	5
5	通过在读写课上的学习，我更加相信自己能够成功掌握中文	1	2	3	4	5

资料来源：作者绘制。

两个班学习者的评分情况如表 5.18 所示。

表 5.18　各班学习者学习汉语的信心和自主学习动机的调查结果汇总

学习者代号	实验班（二班）		对照班（一班）	
	学习信心 / 分	学习动机 / 分	学习信心 / 分	学习动机 / 分
1	21	22	20	20
2	21	23	22	20
3	22	21	22	20
4	23	23	21	22
5	21	22	20	20
6	21	21	20	22
7	23	22	22	21

续表

学习者 代号	实验班（二班）		对照班（一班）	
	学习信心 / 分	学习动机 / 分	学习信心 / 分	学习动机 / 分
8	22	21	20	22
9	22	23	22	22
10	21	21	20	21
11	23	21	22	22
12	22	21	20	20
13	23	21	21	20
14	23	21	20	22
15	21	22	20	20
16	22	21	21	22
17	21	21	20	20
18	22	23	21	20
19	22	21	20	22
20	22	23	22	20
21	22	22	22	22

资料来源：作者绘制。

对收集到的数据通过独立样本 T 检验进行分析，目的是判断在学习信心和学习动机方面，实验组与对照组之间是否存在显著差异。从分析结果来看，在学习信心方面，实验组平均分为 21.90，对照组平均分为 20.86，T 统计量为 4.03008，P 值为 0.0002。在学习动机方面，实验组的平均分为 21.71，对照组的平均分为 20.95，T 统计量为 2.7083，P 值为 0.0099（见表 5.19）。

表 5.19　各班学习者学习汉语的信心和动机考查结果的独立样本 T 检验

指标 （Metric）	实验组平均分 （Experimental Average）	对照组平均分 （Control Average）	T 统计量 （T-Statistic）	P 值 （P-Value）
学习信心	21.90	20.86	4.03008	0.0002
学习动机	21.71	20.95	2.7083	0.0099

资料来源：作者绘制。

以上分析结果表明，在学习信心、学习动机等方面，实验班（二班）的平均分均高于对照班（一班），两者存在显著差异，证明"表达驱动"教学理论的应用在提高学习者的学习信心和增强自主学习动机方面取得了显著效果。学习信心的提升表明学习者中文读写的自我效能感增强，能够自信地面对学习中文的挑战。同时，自主学习动机的增强也体现了学习者对中文学习的兴趣大幅度提升。这些发现验证了"表达驱动"教学理论在国际中文读写教学中的有效性。

通过访谈发现，学习者学习中文的信心和自主学习的劲头明显增强。有学习者说："我在阅读中了解了中国不同的现实生活，比如中国的两会。"有学习者说："上课时我不仅会写作文了，还能学到很多知识，读中文文章也越来越顺畅，我现在自己可以读中文的小说了。"还有学习者说："每单元都有不同的知识。比如前几天我去北京，我提前从文章里了解了怎么上高铁，以及关于阳台花、相声、宇航员的生活、广场舞等相关知识。我也知道了一些故事，比如最美的爱情，我都很喜欢。我平时很想读很多的中文资料，掌握了读文章的方法。"

据教师反馈，学习者自动化学习的能力越来越强。尽管教师并没有要求提前预习，但大多数学习者都进行了自主预习。学习者在课堂上不仅更爱发言了，写作能力也增强了。课下也有很多学习者主动跟老师聊天，交流学习中文的方法，了解中国现实生活，自主学习能力明显提升。

三、反思与启示

（一）改进

1. 优化了指向学习进阶的"三环七步"教学设计流程

"表达驱动"教学理论具化为在教学实践的流程中初步构建"三环七步"教学设计框架（见图5.9）。第一轮行动研究发现，学习者的文字表达质量不高，教学设计中"输入"和"输出"的关联很弱，学习过程是线性的，不能让读写能力呈进阶式发展。在第二轮行动研究中，我们将"七步"教学模式进行重新组合，具体安排如下：将表达需求环节的视频导入和表达初体验——语言知识积累，作为"输入—输出"任务单元一；将体演调节一环节的文字表达——语段表达，置于第一个阅读材料学习板块之后，作为"输入—输出"任务单元二；将体演调节二环节的文字表达——思维框架，置于第二个阅读材料的学习板块之后，作为"输入—输出"任务单元三；将第三个阅读材料作为文字表达成果的"范文"，构成"输入—输出"任务单元四。每一个任务单元都呈现"输入—输出"强关联。各任务单元均具有阶梯式语言学习的进阶要点。以单元文字表达成果为最终目标，在各"输入—输出"单元提供"支架"，分别指向语言知识、素材选择、思维框架、表达成果这四个方面。四个闭合的任务单元，充分运用重复策略，让语言学习者每个课时都学有所得，实现语言能力的自动化进阶。

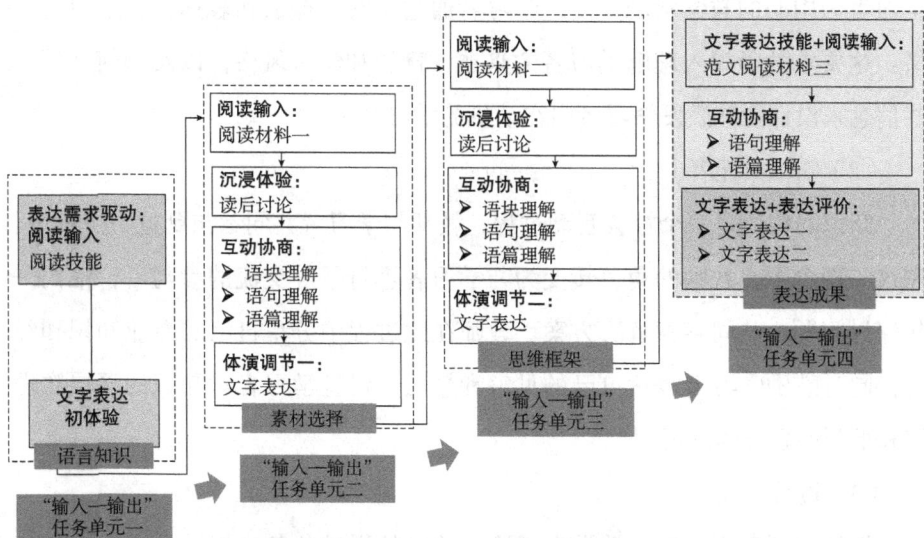

图 5.9　"表达驱动"指向学习进阶的"三环七步"教学设计流程

资料来源：作者绘制。

2. 全面系统化地重新定位教师角色

教师的教学理念、语言表达关乎学习者的学习活动设计。在第一轮行动研究中，教师虽有变教为学的意识，但缺乏有效的方法策略，常常落入"讲授式"教学的窠臼。在第二轮行动研究中，教师对"互动协商"中的语义澄清、表达确定、理解检测等概念有了明确认识，并将"互动协商"运用到教学实践中。这一过程兼顾开放性问题，学习者的语言表达空间被打开，教师通过扩展性表达框架，引导学习者在情境中认知、加工和表达语言。

"表达驱动"教学理论改变了教与学的方式，让我们对教师角色有了全新认识。通过两轮行动研究，教师的角色被定位为学习促进者、知识共建者、过程引导者、反思性实践者。通过这种角色的转变，教师能够更有效地促进学习者的全面发展，为学习者提供一个丰富、动态和互动的学习环境。

（1）学习促进者

在这一理论框架下，教师的首要任务是创造一个开放、包容性强且富有挑战性的学习环境，激励学习者积极参与到学习过程中来。教师通过设计以学习者为中心的教学活动，促进学习者通过实践、探索和表达找到学习的意义。这要求教师深入理解学习者的兴趣、背景和学习风格，以及如何利用这些信息来设计能够激发学习者内在动机的学习经历。

（2）知识共建者

知识的构建是一个社会互动过程，教师与学习者共同参与到这一过程中。在这一理念下，教师的角色转变为与学习者进行平等交流的参与者，他们一起探讨问题，共同寻找解决方案。教师在此过程中分享自己的专业知识和经验，同时鼓励学习者表达自己的见解和想法，促进学习者对知识的深层次理解和批判性思维的发展。

（3）过程引导者

教师在"表达驱动"教学中扮演了关键的引导角色，指导学习者如何有效地表达自己的思想。这包括教授学习者如何组织和表达思想，如何使用不同的媒介和方式进行有效沟通，以及如何通过反思和评价来提升自己的表达能力。教师通过模拟、反馈和修正等策略，帮助学习者发展成为独立的学习者和有效的沟通者。

（4）反思性实践者

在"表达驱动"的课堂中，教师要不断审视和调整自己的教学实践方法，以便更好地帮助学习者学习。这要求教师具备高度的自我意识和批判性思维能力，能够根据学习者的反馈和学习成果对教学策略进行适时调整。通过这种持续的自我反思和专业发展，教师能够提高教学效果，更好地满足学习者的学习需要。

（二）效果

基于"表达驱动"教学理论的"三动"课堂样态激发了学习者自主化学习过程，改变了以往教师进行讲授式教学、缺乏语言交际、学用分离的读写教学现状。四个"输入—输出"任务单元展现"读写"全过程。学习者在真实的表达动机、表达内容、表达意愿的驱使下，产生语言需要。通过"输入"和"输出"的紧密衔接，在语言表达意义共建过程中，学习者成为"驱动成员""互动成员""自动成员"，参与沉浸体验、互动协商和体演调节等环节，使语言学习不断进阶、螺旋上升。为完成单元大任务文字表达，各小输出单元在过程中积累"语言知识""素材选择""思维框架"，在"表达输出"中实现自动化的文字表达。学习者乐于表达，掌握学习进阶的要点，提升元认知能力。教师的互动方式、重复性语言、文字表达的评价，都使学习者的自主化表达成为输出方向。"表达驱动"教学使学习者成为语言学习的主动者。

为测量"表达驱动"教学理论应用于读写的影响，我们采用对比实验，分别在学期初、学期中和学期末进行跟踪调研。数据显示，运用"表达驱动"教学模式上课的班级的阅读写作成绩在学期末明显优于采用普通方式教学的班级，这一结果成为"表达驱动"教学理论在转化落地实践中的研究支撑。

学习者中文读写的学习信心和动机的测量结果显示，"表达驱动"教学理论对语言学习者的自主学习产生了重要影响。

"表达驱动"教学理论变革教与学的方式，以学习者真实的表达动机、表达内容、表达意愿，激发其对语言学习的渴求，以评价作为学习活动的"尺子"，进行文字表达的积累和输出。注重反复练习，关注文本输出的交际作用，学用一体。因此，"表达驱动"教学理论坚持"学习"中心论，是社会建构主义指导下的国际中文教学理论。语言学习过程成为课堂中心，学习者自主学习能力增强。

（三）启示

"表达驱动"教学理论倡导"用中学""做中学""评中学"，为解决国际中文教育"学用分离"的问题提供理论支撑。表达与思维之间的相互作用具有复杂性和动态性。在"三动"课堂建构中，学习者通过语言表达，不断重构自我认知框架。学习者既是信息的接收者，又是知识的创造者，实现了思维的深化和拓展。促进学习者的思维发展是语言自动化表达的重要路径。"表达驱动"教学理论对国际中文教学的启示主要体现在以下几个方面。

一是强化语言在实践中运用的理念。激活学习的关键是将语言学习的多维度和信息处理的不同层面运用到实际生活和工作中，让学习者在完成具体任务时全面掌握语言。这包括语言的构造和应用、听说读写技能，以及解释、人际交流和公开演讲等能力。在教学设计中，教师需重视学习者对语言形式的理解，并在实践中检验学习成果。因此，形式多样的情境创设尤为重要。读写课教学中，将"文字表达"成果嵌入更丰富的真实生活情境，可让学习者获得更强的参与感。

二是使输入的内容和形式更丰富。经过两轮行动研究，阅读材料的输入已经和生活深度结合。为强化表达欲望，深化思维发展，应丰富阅读材料的形式范围，让阅读材料的主题更现代化，贴合当今中国发展的现状和生活实际。阅读输入可采用多种方式在课堂中展现，并加入图片或者现实情境的重演等内容。通过讨论、辩论、故事创作等活动，在实际运用语言的过程中开发逻辑思维，为文字表达创造丰富的选材来源。

三是加强身临其境的具身参与。语言学习者要通过身体动作、表情和肢体语言来展现角色，发展思维，形成语言自动表达，通过创造情境、设计情节、角色扮演、游戏互动等方式，跳出课本的限制，发挥想象力和创造力。学习者不仅可以成为导演、编剧和演员，还能在特定情景下扮演不同认知的观众，实现从单字到整句话的输入，做到完整表达。

四是开发"输入—输出"单元任务的多样化设计。语言学习者受到认知能力、元认知能力，以及后天环境等多因素影响，汉语水平存在差异。通过建立分层次任务单元，提供适宜的多层次课堂活动，学习者能够根据技能水平选择适合的课堂活动。课堂中围绕同一内容"多线程学习"，实现"学习体验、内容适配性和教学高效"的目的。

本章是"表达驱动"教学理论应用于读写教学的第二轮行动研究，是在第一轮教学探索基础上进行的教学优化，这次行动研究着力解决了教学设计不够科学化、精细化、系统化，学习者对语言学习深度参与不够等问题。第二轮行动研究对这些问题做出回应：优化指向学习进阶的"三环七步"教学设计框架；全面系统地重新定位教师角色。在"三动"课堂中激发学习者的自主化学习过程，采用对比实验验证教学理论应用于读写教学的有效性。"表达驱动"教学理论应用于读写教学，尝试解决"学用分离"问题，强化语言在实践中运用的理念，丰富输入的内容和形式，加强身临其境的具身参与，开发"输入—输出"单元任务的多样化设计。

第六章
研究发现与讨论

　　"表达驱动"教学理论倡导学习者要主动、有内容、有实践、有应用地学习语言。学习者的语言能力是在整体的、真实的听说或读写实践中发展起来的，需要自主参与，具身沉浸语言实践。其中，从听到说、从读到写的实践为促发性实践，是语言表达从无到有的必经之路，相关促成性的教学设计是有意义且高效的。

　　本章为"研究发现与讨论"，内容主要包括："表达驱动"教学理论中读写教学的关注点；"七步"教学模式的环节设置；"三环七步"教学设计框架的改进；读写进阶的"三动"课堂样态；"表达驱动"教学理论应用于读写教学的成效。

一、"表达驱动"教学理论中读写教学的关注点

（一）真实表达：语言输出的情境化认知加工

　　在行动研究中，语言学习者在刚上课时的状态十分重要，这关乎课堂教学过程中的学习状态。因此，要充分运用真实的学习情境，贴近学习者自然的语言表达，来激发学习者的内在学习需求。在第一轮行动研究中，"表达驱动"教学环节用的视频是《歪果仁研究协会》，讲述了外国人在中国发现的有趣故事，比如过年的习俗、交友的习惯等，学习者认为非常有意思，激发了表达愿望。在后面的阅读输入中，《歪果仁研究协会》《中乌友好使者》《零时差跨洋年夜饭》契合这一主题。在第二轮行动研究中，"表达驱动"教学环节使用的视频是《这里，让中文更精彩》，讲述了大学的故事，与学习者的生活实际相关，增加了学习者对校园生活的语言积累。阅读输入的三篇文章《不一样的相声舞台》《支教梦想》《在音乐中"畅想"》内容相近，全部来自学习者经常阅读的网络电子平台，比如学校的公众号。学习者课上的阅读和生活阅读联系了起来。以上输入内容与学习者想要表达的主题相关，聚焦有针对性的输入，有助于目的性输出的实现。

语言表达通过模仿真实生活中的自然表达，使用阅读输入的三组材料，让学习者沉浸在阅读的主题氛围之中，进而形成表达的核心内容，为语言的表达输出提供了强大的动力。经过重复性输入和理解的自动化过程，语法规则内化，并在运用时自动形成语言输出，从而实现语言的驱动表达和自然化表达。

"表达驱动"课堂教学涉及从概念化阶段的意念形成，到语言预设语块和主题言语的输入，再到实际的书面表达，每一个环节都要求学习者进行大量的语言实践。学习者需要通过反复练习，将语言知识中的陈述性知识（即与语言相关的知识）转化为程序性知识（即语言的自动执行能力），从而将语言知识中的内容转化为语言技能的自动化。这一过程不仅要求学习者对语言规则有深刻的理解，更重要的是，针对目的性的输出要有丰富的相关性输入，这才能使学习者能够在实际交流中灵活运用规则，进行最终的语言表达。

（二）地道表达：预制语块与语言框架的利用

相较于语块的理解，"碎片化"的阅读材料对学习者的输入来说缺乏效率，不利于语言的输出与表达。我们将输入材料中的一部分词语替换为"语块"，并将其运用到输入中的"语块"积累，例如，常用的短语"一点也不""烟消云散"等。在每一部分的输出表达练习中，我们提供表达可借鉴的词语块。学习者在语言输出中，借助预制语块进行语言的输出表达。

我们在第一轮行动研究中发现，"表达驱动"环节提出的表达框架，如果在中间的三个板块的"阅读输入"单元中不能得到使用，那么其作用发挥就会受到限制。虽然每个板块都有对文章的梳理，但并没有将之与表达任务建立联系，课堂教学缺乏主线，最后学习者的语言表达效率就会有所降低。为了解决这一问题，在第二轮行动研究中，我们将语块的输入放入"互动协商"的环节中，这既有助于学习者对阅读内容的理解，也有助于学习者在"体演调节"环节中进行文字表达，实现了"教"与"用"的结合。针对每个阅读小板块的"体演调节"的延伸讨论，在原有基础上加入"文字表达初体验""文字表达"等输出要求，同时，在每个输出环节给出一些预制语块，让学习者在实际的语言学习中边读边写，边读边练，使得"输入"与"输出"紧密衔接，形成螺旋式上升的学习态势。对于学习者来说，能够随时观测学习成果，学习热情可以持续保持，语言表达也更地道。沉浸式的内摄调节，对学习者的主动表达非常有必要。

由此可见，在"表达驱动"教学的课堂中，预制语块（如词、词语、短语、短句等）和语言框架（即结构化的语言表达模式）对学习者实现地道表达起着重要作用。预制语块能够提高语言输出的流利度。语言框架则为学习者提供了一种思维模式、一种结构化的表达方式，帮助他们组织语言信息，实现意义共建，构建连贯的语篇。教师在指导的过程中，可以从基础开始着手训练学习者对预制语块的感知能力和敏感性，使学习者通过模仿和实际操作学会以母语者的思维进行地道表达。

（三）互动表达：语言协商与注意力引导

在第一轮行动研究中，主要对一个单元的教学采用改进型弗兰德斯互动分析系统进行课堂观摩，全面监测教师和学生的课堂互动表现，并进行定性和定量分析。研究发现，在基于"表达驱动"教学理论的读写教学中，学习者作为阅读和写作的主体，互动交流增多，参与互动的深度得到增强，范围得到扩大，有效保障了学习者语言学习效果的持续提升。然而，尽管学习者在课堂上的参与度较高，但教师对学习者的表扬和激励较少，对观点的采纳和扩展程度较低，由学习者表达引发的教师反馈较少。这说明，读写课堂仍然需要加强教师引导的研究，特别是提问，关乎学习者的回应和思维的深度发展。因此，要增强对学习者阅读和表达成效的反馈或评论，确保学习者的成效和评估得到同等重视；在课堂教学中突出问题的开放性和创新性，力求使问题背景更加丰富；构建高效的课堂互动环节，提供深入处理信息的机会，并在第二轮教学中改进。

在交际过程中，学习者可能会遇到理解上的漏洞和差异，可利用这些交际中的挑战，引导学习者关注语言结构的细节。通过语言协商活动，如澄清请求、反馈和修正，学习者可以更准确地匹配语言形式的意义，验证并调整二语假设。以表达为核心的学习策略，提升了语言使用的精确度，加深了学习者对语言的认知并提升了其依据反馈自我纠错完善的能力。

课堂互动已经成为后方法时代教师开展语言教学最为有效的方式和方法。互动中得到的正向反馈和非正向反馈，对学习者表达的能力提升具有重要作用。学习者不断吸收和获得肯定性的回应和反馈，成熟、准确的表达得到确认和固化。遇到非正向反馈（否定性的反馈、纠正性的反馈），对学习者来说，是发现问题并不断提升语言能力的重要机遇。反馈是语言输出后明确表达其正确与否的关键，肯定性的回应和反馈，是构建可理解输出、地道输出、精准输出的正向激励。这种正向激励可以形成"正向反拨效应"，使学习者审视以往，真正将语言的表达过程置于语言的运用之中，实现"做中学"，在表达中及时发现问题，及时修正和完善新的表达。在"语言表达"动机的驱动下，语言表达的澄清得以实现，在师生、生生的反馈和纠正完善中，达成语言表达的更新，形成语言规则的自动化生成。语言学习者的注意力，在语言协商的实践中得以集中，从驱动、互动到自动，构成表达的过程链条，促进语言表达习惯加快形成。

（四）完善表达：扩展性表达框架的构建

从学习者的习作来看，主题内容、表达思路及形式比较简单，内容上不够丰富完善。语言是思维的外化表现，语言表达的空间有限，语言思维存在局限性。课堂教学中，教师对语言输出任务的口径设置非常重要。任务的布设需要具有可发挥和拓展的空间。宽口径的任务有利于增强表达动机，扩大表达的应用空间。例如，关于题目为"印象深刻的同学"的记事，在第二轮行动研究中修改为两个可供选择的任务，一个是"写一写你熟悉的老师或同学，突出典型事件的描写"，另一个是"调查班级中2~3名学习者，了解其曾经做过的最有趣的事，记录并分享"。从深层次逻辑看，两个写作任务都是写人、写事，不同的是后者提供的语言空间更大，有更多的表达选择。同时，输出的形式是"做中学"，学习者需要运用回忆的方式进行语言组织和表达，或者通过"社会实践"调查的方式进行语言实践。这些都基于学习者的语言表达动机，符合"表达驱动"教学理论，扩展性表达的构建是十分必要的。

因此，在"表达驱动"教学的课堂中，为了促进学习者进行可持续的有效输出，教师应设计包含扩展性表达内容的输出任务，鼓励学习者围绕特定话题进行深入讨论，并使用多样化的语言资源进行扩展表达，以此实践和巩固已有的语言表达形式，从而提高语言表达的灵活性和适应性，促进语言表达的进一步完善。

（五）自动表达：预留策划与任务重复的时间

在研究中，通过访谈、同行评价和反思发现，学习者的语言表达输出的准备时间要充足。学习者根据语言表达的内容、表达目标，从表达的真实意愿出发，结合以往表达所得到的反馈，有目的地尝试，从内化的意义表达转化到外化的形式表达，在不经意间形成。在这个阶段，特定的语言环境有助于学生触景生情，激发其对以往成功表达的回溯，实现在相关语境下的表达唤醒和新的表达实践。学习者在任务输出前，一般需要足够的时间酝酿和激活，因此，与任务驱动相关的特定场景和语言情境是语言自动表达的积极因素，也是提高语言输出效率的有效支撑。

在语言表达中，多重相关的"语言输入"和"语言输出"对学习者实践表达和形成自动表达有帮助，也是提升语言表达能力的手段之一。在第二轮行动研究中，在每个"体演调节"板块都加了"输出"环节，整体设计构成四个"输入—输出"单元。虽然各单元教学目标不同，但总体来看，都是同主题的语言"输入—输出"训练，为自动表达的成功演变创造了条件。任务的螺旋式上升，优化了基于"表达驱动"教学理论的教学设计。

有效的语言输出策划，对学习者拓宽思路、选择合适的语言形式有一定的帮助。重复练习可加深学习者对语言结构和功能的理解，提高语言输出的自动化程度。在真实或模拟的交际情景中，学习者可以利用预制语块进行有效的意义共建。多样化任务使学习者在不同语境中形成实践积累，在表达实践中形成和固化预制语块并不断完善，从而提高语言自动输出的能力。

本研究提出基于"表达驱动"教学理论的读写教学的关注点，体现真实表达、地道表达、互动表达、完善表达、自动表达。关注学习者的真实表达需求、表达内容和表达动机；关注学习者语言表达在真实情境中的准确性和妥帖性，以地道表达为目的运用"预制语块"；关注学习者互动表达过程的语言协商与注意力引导；关注完善表达过程中语言表达框架的扩展性构建；关注自动表达过程的时间控制和重复任务。

二、"七步"教学模式的环节设置

"表达驱动"教学理论为语言学习提供了新的实践途径。依据"表达驱动"教学理论的"七步"教学模式，主要考虑以下方面：表达需求、听的输入或阅读输入、沉浸体验、互动协商、体演调节、话语表达或文字表达、表达评价。在"听说"系统和"读写"系统相对独立且发展不均衡的前提下，做到"学做合一""学做一体""评估调节""持续实践"。语言学习者在实践过程中，应深入探求语言习得机制，实现自动化表达。我们探索、构建了基于"表达驱动"教学理论的"七步"教学模式（见图6.1）。

"表达驱动"教学理论的核心机制是学习者内部学习机制和表达实践的促发与调节，也就是通过说和写的联动，有针对性地促发和调节语言学习过程，促发和调节语言教学的体系化、整体化设计，加深对语言表达的认识与把握，让语言的输出与表达更流畅。

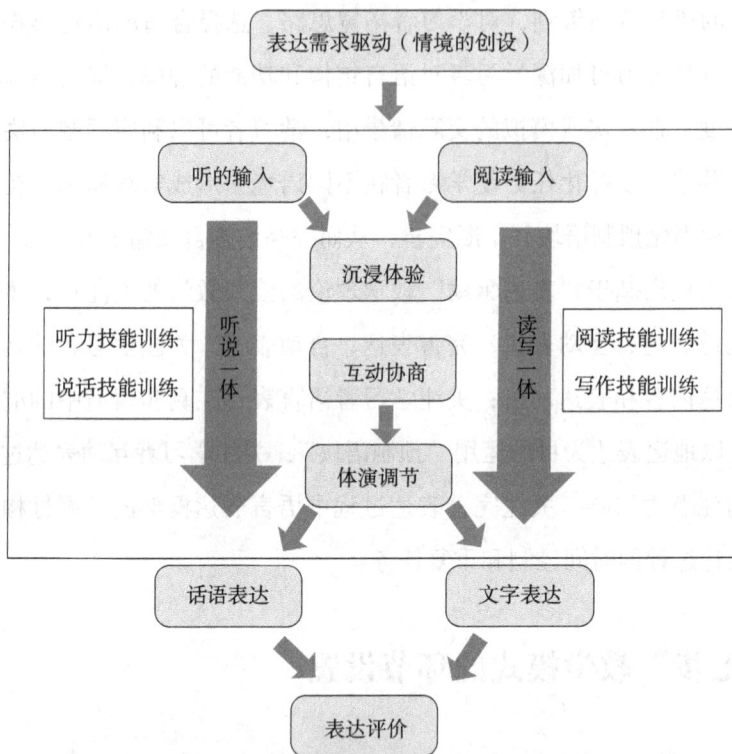

图 6.1　基于"表达驱动"教学理论的"七步"教学模式

资料来源：作者绘制。

　　基于"表达驱动"教学理论的教学流程设计始于真实的表达内容和表达意愿，以表达为目的，反向设计关联性的情境，激发学习者表达的内在动力，提供服务于表达目标的有针对性的输入。通过沉浸式说和写的过程，在实践中完成表达输出。通过有效的互动协商，进入体演调节阶段，这一过程伴随听和读。最后实现表达，进行表达评价。

（一）表达需求

　　"表达需求"是学习者语言习得的动力。基于学习主题的任务集合，创建实践性活动、专题讨论和演示展览等多样化的学习项目，激发表达愿望，聚焦表达需求，这些是学习表达的前置性动力。以主题为核心的任务活动，可激发语言学习者相应汉语知识和技巧的学习需要；要评估语言学习者对主题的熟悉度和兴趣，触发其表达动机和愿望。例如，运用与主题相关的图片、听力资源、视频等多种材料，以及问卷调查和评估量表等手段，有效激发语言学习者的学习动机，拓宽表达渠道，促进学习者主动学习。

脑神经心理学证明，大脑在执行不同任务时会激活不同的区域。比如，在处理简单任务时，大脑的前运动区会变得活跃；而在执行多任务时，中央后回运动区、后侧区和基底核等区域同时被激活，这些区域通常与非意识学习相关联。"表达需求"环节激发学习动力的关键，是整合语言学习的多维度和信息处理的不同层面，形成具体、意义重大的沟通或实际任务，使学习者在执行任务时，能选择恰当的语言形式。了解激发动机的理论并掌握任务设计的基础，将任务视为教学的核心，设置有效的"输入—输出"教学和评估活动，以此评价学习者的语言技能和学习效果。理论与实践的结合是学习者语言习得的基本途径。

（二）听读输入

在语言习得过程中，学习者置身于多元的语言环境，将输入内容转换成"可理解的输入"。学习者依据对语言的观察和需求，主动选择性吸收，被称为"输入偏好"。因此，听读输入不应简化教学材料，而要增加材料多样性，扩大学习者选择范围。正如亚诺（Yano）、朗和罗斯（Ross）所指出的，提供内容更丰富的语言输入比简化语言输入更利于增强学习效果。丰富的输入内容可帮助学习者理解交流的关键信息，拓展语言资源范围，包括语音、词汇和语法等。通过参与者间的"互动性调整"，包括提问、澄清和解释，来处理不明确的输入内容，有针对性地选择可用输入内容和对应性地输入内容，将输入内容转换为"可理解的输入"，使学习者更深刻地理解目标语言的复杂结构。语言听读输入要具有形式上的丰富性和内容上的聚焦性，帮助学习者广泛接触第二语言的不同形式，强调在教学资料、教师语言、课堂实践、情境场景等方面尽可能地体现多样性。

材料的多样性体现在使用多种媒介进行呈现，而不仅限于传统文本。一个故事可以通过图像、视频、听力和阅读等多种形式，或者是这些形式的组合来讲述。输入的内容是体系化表达驱动关注的重点，有针对性、有选择性的输入是多样化输入的前提，可形成与表达目的的有效关联和直接作用。这是表达驱动对教学整体设计布局的基本要求。输入的内容是为表达的内容服务的。表达能力的形成，有赖于有效的输入，在教学的设计中，恰恰是反向设置的。教师应选择与叙述文字相关的多途径阅读材料作为教学输入。输入的形式服务于内容，形式尽可能多样丰富，内容是语言输入的直接支撑。语言输入的多样化原则着重于增强教学形式上的多样化和丰富性，旨在让学习者更全面地接触第二语言的各种形态。

在教学实践中强调输入的多样化，意味着关注语言的各个结构层面，并涉及教学的各个方面，如信息的量和质、类型、涉及的技能，以及教材的真实性和相关性。语言输入的系统性、有序性和一致性表现为提供大量结构化、非随机且反复的信息，例如反复出现的词汇和句型。

理想的情况是在阅读时讨论，在讨论后写作。比如，读完一篇文章，先和伙伴商量一下再写报告。活动的设计应避免单一化和过于简化。语言学习资料应当涵盖文字表达、正式及非正式用语、原创和改编的内容。

（三）沉浸体验

学习本质上是一个自我发现和经验积累的成长过程。语言学习要与实践相结合才能提质增效。根据科赫伦（Kohonen）的观点，体验学习涵盖四个基本要素：促进个人成长、适应社会变迁、考虑个体差异、满足学习者的需求和教育目标。

努南（Nunan）认为，实践体验的教学策略重在将理论知识和复杂概念转化为易于理解和应用的技能。吉塞尔勒斯（Gijselaers）推崇问题解决型学习，强调了激发学习者兴趣和鼓励学习者主动参与问题解决的重要性。课堂讨论应围绕学习者感兴趣且与实际生活相关的问题，要与个人经验相关，当知识和技能被记住并在日常生活中得到应用时，学习者将展现出浓厚的学习兴趣并主动投入学习。

通过为不同能力水平的语言学习者提供适合的多层次语言学习活动、深入的体验式学习，我们建立了分层次的任务体系，学习者可根据技能水平选择合适的语言表达。不同能力水平的学习者围绕同一教学内容，实践不同层次的表达，获得不同层次的提高，这增强了学习者的广泛适用性。

（四）互动协商

互动协商在以"表达"为中心的教学中充当催化剂和固化剂的作用，主要涉及三个互动模式：语义澄清，即请求对方对所述内容进行解释或阐明；确认核对，用以验证个人的理解是否准确；理解检查，确保对方已正确理解所传达的信息（见表 6.1）。

表 6.1　三种语义协商的类型

语义协商类型	举例
语义澄清	甲：你说的"意见"，是什么意思？ 乙：就是给他一些好的建议，让他有更清楚的想法。
确认核对	甲：中国过年时，大家都会回家过年，一家人团圆。 乙：所以，人们都会停下手头所有的工作，享受节日的团圆吗？
理解检查	甲：元宵节的时候，中国北方和南方会有不一样的习俗，这要区别开。 乙：那北方吃元宵，南方吃汤圆，是不是这样说？

资料来源：Gass B S M. *Input, Interaction, and the Second Language Learner*. Lawrence Erlbaum Associates, 1997.

根据加斯（Gass）的研究，语义协商过程遵循特定的语言处理规律，分为引发协商和协商结果两个主要阶段。引发协商是指在交流过程中出现可能导致理解障碍或引发疑问的言论或主题；而协商结果则是指通过解释消除困惑后达成沟通成果。这两个阶段为学习者提供了具有扩展性且十分丰富的输入（见图 6.2）。

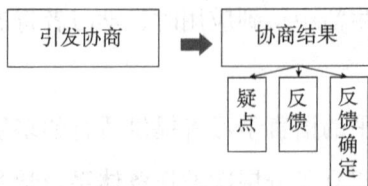

图6.2　语义协商的两个阶段

资料来源：Gass B S M. *Input*，*Interaction*，*and the Second Language Learner.* Lawrence Erlbaum Associates，1997.

从认知语言学角度看，语义协商由两个主要阶段和三个子过程构成，它们形成语义协商单元。这一单元在语言处理的不同阶段发挥着不同的作用。例如，语义协商单元涉及协商的触发和解决两大阶段，特别是在解决阶段，语言处理显得尤为重要。这是因为此阶段包括两个关键活动：首先是"疑点"识别，即学习者识别出特定语言点成为沟通和理解的障碍，并开始对该语义进行集中处理和协商；其次是"反馈确定"，即沟通的一方提供详细的解释，学习者则对这些解释表示肯定或否定，并以不同的方式表达对这些解释的理解，包括进行重述从而将反馈变为可理解的输入等。

这些都关乎师生互动和生生互动的质量和频次。学习者在对话中的 T 单位数、语义协商次数、交替对话频次以及平均发言时长等都被视为重要的评估指标。这些指标与学习者的语言流畅性、准确性和结构复杂性有紧密关联。此外，通过有意义的语言使用，学习者可意识到自己与目标语言的差异，从而实现语言输出的三大认知功能：增强意识层面的功能；通过反馈进行语言假设的测试和分析，在互动中检验语言规则的有效性；规范化语言功能，将不同的语言元素整合为一套系统化的语言规则，以促进第二语言学习者在语言使用中的技能掌握。

（五）体演调节

体演调节侧重通过"体验＋演练"的形态，让学习者沉浸在语言应用的实际场景中，实现学以致用的目标。学者吴伟克提到，社会活动可视为一连串的实践表演，每种文化行动都嵌入了特定的行为意图，这是因为我们的文化背景为这些行为提供了可能的实践场景，这种体演调节为特定行动提供了情境背景。

体演调节作为"表达驱动"教学理论落地的重要环节，教师要把语言学习置身于真实的环境和情境中，学习者能够充分参与，从而实现语言习得。这是具身认知理论的实际应用，通过角色扮演和身临其境的方式，运用身体动作、表情和肢体语言来展现角色，从角色的视角进行对话，而不是仅仅表达个人的想法。这种戏剧式教学包括情境创造、情节设计、角色扮演、游戏互动等教学步骤。学习者在这一过程中既能跳出课本的限制，又能发挥自己的想象力和创造力，成为导演、编剧和演员，还能在特定情景下扮演不同的观众，实现从"语块"到整句话的输出，做到完整表达。

基于"表达驱动"教学理论的体演调节，强调语言学习与文化背景的紧密结合，通过体验式学习形成记忆，从而真正实现实际运用第二语言的目标，这一过程是在特定文化框架下的表达实践。

（六）表达输出

在教学实施中，有效的语言表达表现为多种形式，常见的有口语交流、书面概述、小组讨论以及正式演讲等。任务涵盖信息交换、解决问题、看图说话、视听鉴赏、故事改编、事件总结和口头报告等。鼓励小组合作进行创作，这是一种有效的输出手段。

"表达驱动"教学理论倡导通过"做中学"达成语言习得的输出目标。依据学习者的预学和表达输出的表现灵活分组，按照"组间差异化、组内同质化"原则，为不同小组设计具有相同主题但难度和情境不同的课堂表达任务，以供学习者选择。任务的难度可通过调整准备时间、提示信息数量及信息差、推理差、意见差和问题解决表达类型进行调整。在执行任务时，根据实时反馈，完成任务的学习者可以选择重新完成同一任务或尝试不同难度的任务，这有助于学习者发展语言技能，加深对主题的理解，促进创新思维的形成。

（七）表达评价

"表达驱动"教学实践的评价是贯穿于教学始终的。评价工具的开发有益于促进教师的教学和学习者的习得。评价的原则融合了多样性和立体性。多元化的评价体系主要表现在以下两个方面。第一，评价主体的多样化，包括教师评价、学习者自我评价、同伴间的互评等，展现出评价主体的多元特征。第二，评价方式的多样性，利用现代科技实现文本、音频、视频等多种评价方式，如点赞、评分、等级划分、提供反馈等。评价活动是贯穿整个教学过程的即时反馈。

评价的立体性是指，高难度的表达输出要进行主观评价并给予个性化指导。通过"教学系统"实时展现学习者的表达输出，监控多任务表达的进度和质量。对学习者在低难度任务中的高完成率和正确率予以肯定；展示中等难度的任务时，鼓励正确率较低的学习者以多样的方法依次表达，之后拓展展示范围；在高难度任务中展现高水平学习者的表现，并围绕表达内容进行问答练习，同时提供及时的肯定性或纠正性反馈。

"七步"教学模式涉及认知心理学和第二语言习得领域中非常重要的显性和隐性认知概念所涉及的核心问题，包括显性和隐性的学习过程、知识结构以及教学方法。无论是显性还是隐性的学习、知识、教学，指向的都是"表达"，也就是学习者的语言运用能力的外显化。因此，学习、教学、评价必须以学习者的语言表达和应用作为肇始和归宿。

三、"三环七步"教学设计框架的改进

依据以上对"七步"教学模式环节设置的解读，"三环七步"教学设计框架也需要进一步改进。完善"三环七步"教学设计框架要遵循以下五个原则。

（一）驱动性

语言交际的需求源于人们内在的、动态的愿望动机，它们可形成语言的

意义表达建构。根据自我决定理论（Self-Determination Theory，SDT），人类的行为被视为一个连续体，其自我决定程度不同。该过程包含从缺乏动机、外在动机到内在动机的转变，是动态的调整过程。根据外部规范与个体自我认知的整合程度动机可将调节划分为几种类型：外部调节、内摄调节、认同调节和整合调节。外部调节和内摄调节容易受外部因素影响，属于压力下的被动状态，而认同调节和整合调节则主要受内在驱动。在内摄调节状态下，个体的行为是完全自发的，其表现是全神贯注地投入，无需进行任何自我控制的努力。在驱动调节的过程中，认同调节、整合调节以及内摄调节都受到自我控制的影响，逐渐增强，它们被称为自主动机。学习者在带有表达愿望的语言实践活动中，有效利用这一动态的协调机制，实现平衡稳定。表达的驱动是整体系统化设计教学的出发点，也是教学的核心任务和目标。它的关注点既包括语言表达的整体含义，也包括在整体意义之下的语言片段的准确性、得体性；既包括表达成果的驱动，也包括合理、适切的过程驱动。具体而言，驱动的手段就是最开始的表达意愿，表达过程中教师的引导、帮助，表达对象对语言表达的反馈，语言表达、语音、语句的固化修正，多方面的类比和相关性判断等，最终达成适切的表达内容。驱动手段的运用效果直接决定语言学习者学习效率的高低。以文字表达驱动阅读输入，以话语表达驱动听力输入，利用语言习得者的内在学习机制和语言的习得规律，形成高效的语言学习系统。

（二）整体性

语言表达的社会属性决定了语言单位的整体性，我们无法割裂地、碎片化地理解语言的含义。20世纪80年代至90年代，在美国和加拿大等国兴起的"整体语言教学"，涉及学习本质的信念系统，强调学习的整体内容和意义，强调从整体到部分，避免碎片化的局限。

因此，在教与学的环境中，"主题语境""整进整出"等要素成为语言习得的重要状态。教学中表达成效的导向性，既决定了输入内容的指向性，也决定了输入形式的多样性和文字材料的多样化。"词语""短语""句式""段落""篇章"这些语言的组成材料，要进行整体性的教学设计，体现其内在的逻辑联结性，这就形成了学习者表达的学习支架。基于"表达驱动"教学理论的教学可以突破词汇、语法等级的限制，让语言材料和语言单位真正为表达意图服务、为表达内容服务、为表达者的表达实践服务。

（三）开放性

语言因思维可承载丰富的内容而具有开放性，但这并不与语言的封闭性相对立。学习者的语言表达，是一个交互式的意义共建系统，是语言形成的前置性条件。有内容的表达，意义之间的共通、共知、共情，能够通过双方的话语和文字，建立互相认同的意义传达。因此，"表达驱动"教学理论倡导在教学过程中，要留给学习者充分的语言建构空间，围绕着表达内容这个核心，获取直接性的输入，尝试表达的语言形式，开展有效的互动协商，形成完整的语言沟通模块。如果一味追求语言形式，离开学习者语言内容的表达，就忽视了语言的内在"驱动"，那么心理调节机制就不能发挥作用，也就不能实现学习者语言的自动化高效习得。

（四）体验性

语言的习得要依托具身认知而存在。具身认知观点强调，认知的过程就是运用语言者双方或各方参与的过程。若两者分离开来，必然会对认知产生不利影响，影响思维的发展与提升，进而影响语言的习得与运用。因此，语言的习得过程，使用者必须要实际参与，要充分调动人的各项机能，以教学目标为导向精心设计课堂语言活动的情境，通过沉浸式的体验，使学习者自主获取与语言相关的知识和言语交际技能。情境的创设是指教学的重要场域设置，关乎学习者的整体感知，关乎驱动体系的建立以及情感体验中的语言习得。语言内容意义与语言形式表达、交际场景融为一体，就真正实现了语言学习者的"话中人""文中人""剧中人"角色。内容依托教学法（CBI）、内容语言融合式学习（CLIL）、内容语言融合式教育理念（CLI）、戏剧教学法等，在实际语言实践中均充分运用了体验性学习的重要理念。

（五）反馈性

语言的交际性强调语言的共建属性，它是以意义为目的进行的语言交互、语言认同、语言共享，在一定语言使用范围内达成彼此之间的意义共识。通过语言表达个体想法、进行愿望交流，并实现语言的固化和共建。这一意义不是单一的，是带有场景和情境的。对于不同的场景和情境，语言表达的含义也不同。在一定场景和意义情境下的表达，带有专化意义、特殊反馈性，是由不精炼到精炼的过程。因此，当语言表达初步形成之后，要进行交际对话的反馈和印证，这种反馈既可以是自我反思和纠错，也可以是他人的反馈和纠正。反馈可以使表达由不完善到完善、由不精确到精确。具体来讲，要想"说"得好，就要进行"听"的反馈，包含自反馈和他反馈。自反馈是学习者对自己"说"的内容进行反思、复听和点校，形成自我反馈机制。他人对学习者表达的反馈则是即时的，听话者的语言、神态、表情，肯定性的态度或否定性的态度，接受性的态度或难以接受的态度，都可以对学习者"说"的效果做出很好的他者反馈。"写"的反馈也同样如此。一方面，包含个人通过自我修改、校正、例文对比、模板对照等方式进行自我反馈。而他者的反馈，则是通过他人的批改，同伴之间的相互建议来完成。反馈的过程就是评价的过程。因此，评价的设计和安排是一个十分重要的反馈过程，需要认真对待。

四、读写进阶的"三动"课堂样态

（一）过程

"七步"教学模式依托内在心理的调节过程，使学习者学习语言时从外部调节，逐渐走向内摄调节，最终实现整合调节。语言技能的获得在调节过程中外显为一种教学方式：从与"陈述性知识"相对应的"驱动"机制的开启，到与"程序性技能"相对应的"互动"状态的展开，再到语言表达的"自动"产生，构成了基于"表达驱动"教学理论的读写进阶的课堂样态。

这一发现基于课堂观察，同时也得到理论的支持。安德森提出了技能习得模型（Skill Acquisition Model），即调适性控制理论（Adaptive Control Theory，ACT），与心理学信息加工理论密切相关，认为语言习得是从陈述性知识（Declarative Knowledge）向程序性技能（Procedural Skills）转变，最终实现"自动化"的过程。

语言的自动化过程需要经历不同阶段的动态过程。

（二）角色

在读写进阶的"三动"课堂中，教师扮演着重要的角色，不仅推动教学的进展，调控教学进程，还要关注学习者的语言表达和心理动机调节。在后方法时代，教师需要对课堂教学的整体结构有充分了解，清楚课堂不同阶段和环节发挥的作用，是学习者语言意义共建的协作者。教师是课堂语言表达的"驱动者"，引导学习者成为语言实践的"驱动成员"；教师参与课堂交际成为课堂"互动者"，引导学习者成为"互动成员"。教师有意识地通过驱动和互动，使学习者实现不经意的语言表达输出，从而带领学习者成为语言表达的"自动成员"。

（三）步骤

基于"表达驱动"教学理论的课堂教学，展现出了焕然一新的面貌，呈现出多轮线性的"驱动—互动—自动"的样态。这与"七步"教学模式的教学环节和流程相对应。其中，"驱动"样态是指"表达需求"环节，包含文字表达初体验和阅读技能讲解。"互动"样态是指阅读输入、沉浸体验、互动协商、体演调节四个教学环节。"自动"样态是指表达输出和表达评价两个教学环节（见表6.2）。

表 6.2　基于"表达驱动"教学理论的"三动"课堂实施步骤

课堂样态	课堂实施步骤
驱动	表达需求（文字表达初体验、阅读技能讲解）
互动	阅读输入
	沉浸体验
	互动协商
	体演调节
自动	表达输出
	表达评价

资料来源：作者绘制。

（四）特点

读写单元的建构过程呈现出完整的四个"输入—输出"任务单元，每个小循环都遵循"驱动—互动—自动"的动态发展过程。在小循环内，阅读的输入成为"驱动"，经过沉浸体验、互动协商、体演调节进行表达输出，实现语言自动化表达。在整个大单元的教学过程中，课堂也呈现"驱动—互动—自动"的发展样态。教师在单元教学过程中进行实时调节，使单元任务自然衔接，在语言知识、素材选择、思维框架等方面实现语言知识的有效积累，形成与"输入—输出"任务单元紧密衔接的成果表达，实现语言的自动化输出。这是一个动态的、复杂的、横纵双向的发展过程。图 6.3 所示的为基于"表达驱动"教学理论，指向读写学习进阶的"三动"课堂样态。

五、"表达驱动"教学理论应用于读写教学的成效

"表达驱动"教学理论是天津师范大学国际中文教育教学经验的总结。该理论结合后方法时代语言教学理论的发展动态，将社会派与认知派的理论统一到国际中文教学中，形成了一种自下而上的教学理论，以突出"做学合一""做学一体"为主要特征，体现"听—说""读—写"相对独立的技能体

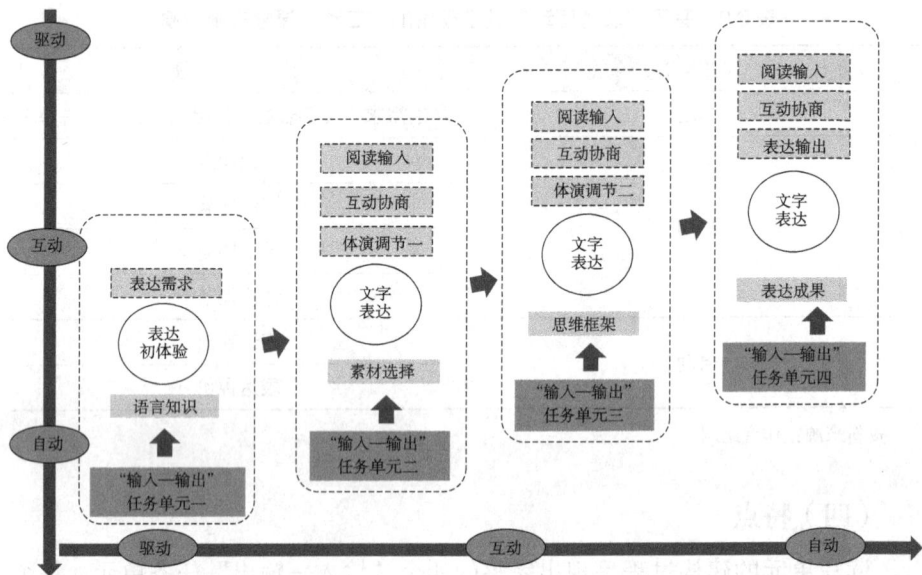

图6.3　基于"表达驱动"教学理论指向读写学习进阶的"三动"课堂样态
资料来源：作者绘制。

系特征，强化说、写的驱动牵引作用，体系化构建教学过程，实现由输入到输出的直接关联，促进教学增效。

社会认知理论认为，人的行为是三方面因素互动的结果，而不是受外部刺激的单向作用的产物。一是学习者的内在因素，如认知能力、目标的设定、自我效能感、对结果的期望等。二是教师的授课示范、辅导、反馈等环境因素。三是学习者的行为因素，如元认知的学习策略、动机性行为等。这三个方面的因素与"表达驱动"教学的"驱动—互动—自动"三种课堂样态相对应，证明我们在课堂教学中使用的教学策略有助于激发学习者的学习兴趣。通过互动互学共学，学习者逐渐掌握程序性知识，形成元认知，主动学习，实现语言能力自动化提升。据此，我们从两个方面检验"表达驱动"教学理论应用于读写教学的效果。

（一）主动性与策略能力

一是增强了学习者语言自主学习的能力。语言教学的理论讲授和以教师为主的教学形式，不符合后方法时代的语言教学要求。后方法时代倡导"学习中心论"，也就是要把语言学习者的"学习过程"看作一个动态的研究对象。教师和学习者作为学习过程的两端，只有双向的主体作用得到发挥，语言学习才能成为课堂的主要活动。指向读写进阶的"三动"课堂样态使教师成为"驱动者""互动者""自动者"，这样学习者才能成为"驱动成员""互动成员""自动成员"，这就使语言学习者与教师站在了同一过程的两端，教师成了学习的引导者、知识技能的共建者、过程的推动者、反馈的促进者。学习者在语言知识和能力上的提高，成为教师努力的方向，两者是双向促进的关系。这样平等的课堂对话使学习者的主体性地位更加突出。教师和学习者在语言交际现场中处于平等的地位，目标指向语言的输出表达成果，"学习过程"作为两者交流对话的主要内容，语言学习者成为剧中人、文中人、话中人。教师和学习者的互动过程，是学习者语言学习和共建的过程，教师作为引导者，也提供"支架"，让学习者的语言成为传递思想、表情达意的自然行为，脱口而出成为语言的输出常态，实现自动化表达。

二是语言学习者的学习策略能力提升。宾特里奇（Pintrich）指出，学习者最终掌握的学习策略决定了学习者的学习能力。学习策略包括认知策略、元认知策略和资源管理策略。具体而言，学习者在语言学习中会认真地练习知识点，运用组块、提炼要点、组织提纲等精细处理信息的技能；在学习过程中及时调整学习计划，根据教师和学习者的反馈调整教学方法；主动利用现有资源对时间、环境和他人进行调控，以更好地完成学习任务。

"七步"教学模式对学习者的学习认知、元认知、资源管理等方面有重要的探索意义，让学习者在"用中学""做中学""评中学"。"用中学"的理念主要表现在"表达驱动""阅读输入"环节，阅读输入和写作输出在情境中进行，体现了"在情境中用语言"的教学理念。因而，学习者对于语块、习作提纲等的获得成为主动需求。一旦学习需求明确，话语交际的质量明显提升。"做中学"理念主要体现在"沉浸体验""互动协商""体演调节"阶段，学习者沉浸式地进入课堂，进行交互活动。从学习者的反馈来看，他们需要有更多的表达机会，在和教师的互动中，教师的问题可以引发学习者很多思考，学习者更有话语和文字表达的需要。学习者在写作时，能够进行自然的表达，这与教师让学习者进行多轮重复性的、不同挑战性的写作练习密切相关。课堂上，教师为学习者搭建的学习支架如语块、素材选择、思维框架等，为学习者的表达输出提供了元认知策略。"评中学"理念贯穿于教学的始终，这里的评价既包括对阅读的评价，也包括对写作的评价。对阅读的评价主要表现在"输入"阶段的互动过程中，包括词语理解、篇章理解等内容的互动评价。通过学习者与学习者的互动以及教师与学习者的互动，可以实现语言的输入与反馈。对写作的评价是关键，要评价文字表达的准确性、完整性以及是否地道、是否贴切等，这些直接决定了语言学习者文字表达的质量，应贯穿学习始终。学习者依据评价对每一次的语言文字表达进行自审，丰富了表达的手段和内容，掌握了运用资源提升学习的能力和策略。

通过观察学习者的学习过程可以发现，教师在教学设计中坚持了"用中学""做中学""评中学"理念，为学习者规划了自主学习路径。这种"变教为学""寓教于学"的方法，促进了表达驱动教学主体之间的平等互动关系，促进了学习者自主学习能力的提升。

（二）汉语水平与课堂样态

1."表达驱动"教学理论对文字表达效果和学业水平的影响

通过对学习者输出文本的分析，我们观察到，学习者文字表达的丰富性、准确性和复杂性有所提升，语言结构的逻辑性具有明显的改变。这与"表达驱动"教学理论倡导的"学在用之中"有很大的关系。传统的阅读课和写作课，就阅读技能和写作技能分别进行讲授，不符合语言学习的内在规律。"表达驱动"教学理论将"读"和"写"紧密关联，突出了"有针对性的读"对"有目标性的写"的决定作用，输出质量在模仿机制的影响下明显提升。

在行动研究的第二个阶段，我们对学习者的阅读和写作成绩进行了学期初、中、末各阶段的统计分析。在这三个阶段中，两个班的阅读和写作成绩都呈现上升趋势。运用"表达驱动"教学理论进行教学，实验班学期末读写成绩显著提升。这表明"表达驱动"教学理论在读写教学中发挥了重要作用。学习者汉语水平的显著提升，验证了将这一教学理论应用于读写实践的有效性和必要性。

2."表达驱动"教学理论对课堂样态的影响

在同行访谈中，他们认为"表达驱动"教学课堂比普通课堂更有效，主要原因有以下几个方面。

一是以提高读写能力为目标设计课堂教学。本科一、二年级学习者的汉语水平处于中级。我们精选了符合学习者实际生活的教学素材，学习者通过阅读和写作、讨论和分析，让文字表达作品条理清晰、结构分明。按照目标设计学习者的学习路径，高效提升语言阅读与习作的技能。在《国际中文教育中文水平等级标准》指导下，"表达驱动"读写教学目标的设计包含词汇、语法、阅读理解、书面表达以及日常生活、中华文化等方面，展现了"表达驱动"教学理论应用于国际中文读写课的重要价值。

二是以教学评一体的整合设计带动读写教学的教学相长。"表达驱动"教学理论指导下的课堂将"评价"作为指挥棒，在表达输出的驱动下，依据评价标准，在教学的四个小的"输入—输出"单元中，以学习活动作为主线，牵引课堂教学的方向，真正做到了"评什么"就"教什么""学什么"。这样的课堂教学，改变了教与学的方式。在第一轮行动研究中，显然还没有完全摆脱课堂"教"的样态。虽然生生互动、师生互动的频率上升，但没有建立起"输入"与"输出"的紧密联系，教师还没有与学习者实现平等对话，因此课堂教学改变不是特别明显。在第二阶段的行动研究中，以评价为依据，建立四个"输入—输出"单元。教师提问倾向于开放性问题，要求从学习者的课堂反馈中挖掘教学点，促进学习者的深度思考，让学习者的语言表达动机更强烈，学习意愿增强，课堂成了学习者主动习得的课堂。

三是构建语言学习的支架，帮助学习者深度发展思维。语言是思维的工具和外壳，思维外显为语言。学习者精彩的表达源于学习者深度思考能力的提升。研究中，教师为学习者的深度思考提供支持，包括提供阅读输入、沉浸体验、互动协商、体演调节等教学环节所需的学习资源、语言交际方式、教师的提问以及学习者的课堂参与等。角色扮演、交互学习、阐释辩论、公开报告等成为语言教学的常态，让思维发展促进语言表达。教师构建学习者语言表达的空间，提前预设学习者的语言表达片段，搭建学习支架，在课堂中实现教和学的统一，学习者在进阶中不断提升语言能力。课堂教学呈现三重的"输入—输出"，学习者完成表达输出的大任务——"文字表达"后，其语言学习能力有所提升，自我效能感增强。

四是以实际表达需求为主，着重读与写的内在关联训练。在读写课的教学中，我们坚持阅读输入和阅读输出的衔接式学习方式。在课堂中，学习者通过有针对性的输入，产生表达需求，并根据"输入"进行互动调整，最后实现文字表达成果。在这一过程中，学习者通过整体设计的有针对性的阅读素材、与之相关的综合输入素材以及预制语块的习得，表达自身的愿望。在表达的过程中写，在写的过程中学习如何写，在对文字表达作品的交流反馈中提升能力，以正向的反馈来确认文字表达的准确性和得体性，使目的性的文字输出更加准确，驱动以表达为牵引的学习体系的建立。

第七章
总结与启示

一、结论

为了解决国际中文教育中"学用分离"的难题，本研究将"表达驱动"教学理论运用于读写教学，通过实践研究，提出了五个关注点，目的是促进"表达驱动"教学理论转化为读写教学的实践。同时，本研究提出了"七步"教学实践模式，并设计了"三环七步"教学框架和读写进阶的"三动"样态。

在研究的最后，我们对"表达驱动"教学理论应用于国际中文读写教学的效果进行总结。一是对学习者内在产生的影响。学习者自主学习动机和学习认知、元认知、资源管理等方面的学习策略能力提升。二是外显性变化。学习者阅读能力以及文字表达的丰富性、准确性、复杂性和逻辑性等有明显提升，证明了教学理论应用于实践的有效性和必要性。该理论对课堂样态的改变主要表现在：以提高读写能力为目标设计课堂教学；以教学评一体的整合设计带动读写教学的教学相长；构建语言学习的支架，帮助学习者深度发展思维；以实际表达需求为主，着重读与写的内在关联训练。

二、成果

本研究针对国际中文教育中的"学用分离"问题，运用"定向型行动研究"方法，在国际中文读写课程中进行探索。通过实践研究提炼出教学中的着重关注点，为"表达驱动"教学理论的读写教学实践提出建设性意见。

在理论层面，将国际中文"表达驱动"教学理论应用于读写教学，促进理论转化落地。针对读写教学提出实践中的五个关注点，探索"七步"教学模式的环节设置、教学设计框架、"三动"课堂样态，突出理论的实践性研究。

在实践方面，从国际中文教学"学用分离"的问题出发，探索基于"表达驱动"教学理论的读写教学路径，并进行两个学期的现场教学验证，建立理论与实践的联系。同时，验证"表达驱动"教学理论的教学效果及其在国际中文读写教学中的适用性和有效性。

采取"主动式"行动研究方法，依据理论观察、验证收集到的数据，采纳新的方法、观点和理论进行实践和效果评估，推动"表达驱动"理论的实际应用，丰富行动研究的路径。在研究过程中结合准实验设计和改进型弗兰德斯互动分析模型进行量化分析，通过混合研究方法收集数据，为行动研究的方法论提供新视角。

三、局限

对"表达驱动"教学理论应用于读写教学的探索是初步的。作为创新性理论的实践，应用过程中有不少需要探索的问题。"七步"教学实践模式在传统教学方法上进行了新的尝试，有进一步探索和研究的空间。本研究尝试探索基于"表达驱动"教学理论的读写教学，其中有一些问题还有待于进一步深化拓展。

不同于传统行动研究，在分阶段探索过程中，选择不同学期、不同班级实施阶段性行动，确保了教学质量和数据的收集。各班级的教学实践时间有限，学习改进情况有待于进一步跟踪观察。本研究只是聚焦一所大学的国际中文读写课程，实践范围有必要进一步拓展。

四、展望

作为创新性教学理论，"表达驱动"教学理论体系需进一步完善。其前沿的教学理念、假设及教学步骤的创新性形成了重要的研究领域，需促进该理论广泛地应用推广。读写教学设计和实施的具体环节有待深入探讨，如"表达驱动""沉浸体验""互动协商"等。"表达驱动"教学理论的读写课堂设计有待完善，例如设置读写教学目标、设计读写教学任务、优化互动协商环节等。

除了解决具体的在教学环节和过程中出现的问题，"表达驱动"教学理论读写教材的开发和评价体系的构建，也有必要跟进研究。建立"表达驱动"课程体系，根据"以应用为导向的多元化能力框架、以需求为导向的多层次能力体系"对其进行扩展，将"表达驱动"应用到听说课、文化课等不同课程中，实现教学的精细化和深入化，确保教学目标、输入和输出任务的设计都具有明确的结构性和目标性。

参考文献

一、期刊论文

[1] 蔡建永，刘晓海．国际中文智慧教育视域下"三段九步"教学模式的构建与应用 [J]. 世界汉语教学，2023，37（4）：534-546.

[2] 柴华丽．行动研究与教师专业发展研究综述 [J]. 当代教育论坛：宏观教育研究，2007（11）：110-111.

[3] 常俊跃，赵永青．内容语言融合教育理念（CLI）的提出、内涵及意义——从内容依托教学到内容语言融合教育 [J]. 外语教学，2020，41（5）：49-54.

[4] 陈昌娟，钟英华．面向21世纪中高级汉语进修生培养目标和培养规格的定位与教学思路的思考 [J]. 语言文字应用，1998（3）：46-50.

[5] 陈向明．从"范式"的视角看质的研究之定位 [J]. 教育研究，2008（5）：30-35+67.

[6] 陈秀娟，汪小勇．对弗兰德斯互动分析系统应用的探讨——以同课异构为例 [J]. 电化教育研究，2014，35（11）：83-88.

[7] 崔永华．二十年来对外汉语教学研究热点回顾 [J]. 语言文字应用，2005（1）：64-68.

[8] 崔永华．"后方法时代"之我见 [J]. 世界汉语教学，2014，28（4）：436-437.

[9] 崔永华．后方法时代的汉语教学理论建设 [J]. 国际汉语教学研究，2016（2）：4-7.

[10] 戴庆宁，吕晔 . CBI 教学理念及其教学模式 [J]. 国外外语教学，2004（4）：16-20.

[11] 丁安琪，丁涵 . 后方法时代的第二语言教学法创新 [J]. 天津师范大学学报（社会科学版），2022（2）：1-7.

[12] 丁安琪，张杨，兰韵诗 . 基于《国际中文教育中文水平等级标准》的中文文本难度自动分级研究——以 HSK 中高级阅读文本为例 [J]. 首都师范大学学报（社会科学版），2023（6）：81-92.

[13] 董昕，王丹，张立杰 . 基于 ACT 认知模式的二语习得自动性的研究 [J]. 教育探索，2012（11）：61-62.

[14] 方海光，高辰柱，陈佳 . 改进型弗兰德斯互动分析系统及其应用 [J]. 中国电化教育，2012（10）：109-113.

[15] 方海光，孔新梅，郑志宏，等 . 一种智慧课堂交互行为数据的标准分数常模计算方法研究——基于改进型弗兰德斯互动分析系统 iFIAS[J]. 远程教育杂志，2023，41（5）：67-75.

[16] 方梅，李先银，谢心阳 . 互动语言学与互动视角的汉语研究 [J]. 语言教学与研究，2018（3）：1-16.

[17] 冯丽萍，张了原，徐小雄，等 . 基于元分析的教学互动过程中人际脑同步与学习效果的关系研究 [J]. 语言教学与研究，2022（6）：1-12.

[18] 付克 . 回顾总结　调查研究　立足改革——关于我国外语教育改革的几点设想 [J]. 外国语（上海外国语大学学报），1983（5）：1-6.

[19] 高航，苟文娟，钟英华 . "表达驱动"理论赋能国际中文读写教材编写实践 [J]. 华文教学与研究，2024（4）：90-96.

[20] 关磊 . 图书馆信息素养翻转课堂学习投入和学习效果模型研究——以自我决定理论和学习投入理论为视角 [J]. 图书馆工作与研究，2021（2）：56-67+112.

[21] 郭红 . 语言、言语与对外汉语教学 [J]. 当代教育科学，2009（21）：59-60.

[22] 韩琴，周宗奎，胡卫平．课堂互动的影响因素及教学启示 [J]. 教育理论与实践，2008，28（6）：42-45.

[23] 黄荣怀．智慧教育的三重境界：从环境、模式到体制 [J]. 现代远程教育研究，2014（6）：3-11.

[24] 靳洪刚，侯晓明．汉语作为第二语言实证研究纵观：显性与隐性学习、知识、教学 [J]. 世界汉语教学，2016，30（3）：379-400.

[25] 靳洪刚．21 世纪的外语教学：以能力为出发点的主题导入教学新论 [J]. 国际汉语教学研究，2015（3）：19-24.

[26] 靳洪刚．从语言组块研究谈语言定式教学法 [J]. 国际汉语教育（中英文），2016，1（1）：22-36.

[27] 靳洪刚．提问互动法：语言课堂教师提问的理论与实践 [J]. 国际汉语教育（中英文），2018，3（1）：46-62.

[28] 靳洪刚．现代语言教学的十大原则 [J]. 世界汉语教学，2011，25（1）：78-98.

[29] 柯彼德．汉语拼音在国际汉语教学中的地位和运用 [J]. 世界汉语教学，2003（3）：67-72.

[30] 李东伟，刘修缘，钟英华．表达驱动教学理念提升外国留学生中文水平路径研究 [J]. 天津师范大学学报（社会科学版），2023（6）：1-6.

[31] 李海鸥．对外汉语课堂教学的路径设置与实施——基于初级汉语读写课教学案例的分析 [J]. 暨南大学华文学院学报，2009（2）：26-31.

[32] 李建涛，孔明，钟英华．"表达驱动"教学理论在数智技术赋能国际中文教学中的设计探讨——以 Second Life 和 ChatGPT-4 为例 [J]. 河南大学学报（社会科学版），2023，63（6）：103-109+155.

[33] 李勉，张岳，张平平．自我决定理论视角下的教师控制 [J]. 心理科学，2022，45（6）：1517-1523.

[34] 李泉．对外汉语课堂教学的理论思考 [J]. 中国人民大学学报，1996，10

（5）：87–93.

[35] 厉广海．指向深度学习的单元整体教学设计——以高中英语为例 [J]. 基础教育课程，2023（22）：44–48.

[36] 刘丽虹，张积家．动机的自我决定理论及其应用 [J]. 华南师范大学学报：社会科学版，2010（4）：53–59.

[37] 刘珣．也论对外汉语教学的学科体系及其科学定位 [J]. 语言教学与研究，1999（1）：17–21.

[38] 刘珣．"结构—功能—文化相结合"的汉语教学理念再思考 [J]. 国际汉语教学研究，2014（2）：19–27.

[39] 刘珣．汉语国际教育与对外汉语教学 [J]. 国际汉语教学研究，2014（1）：3–4.

[40] 刘永斋．读写结合训练的三种类型 [J]. 教育实践与研究：中学版（B），1999（4）：16–18.

[41] 卢臻．教—学—评一体化教学揭秘 [J]. 基础教育课程，2016（7）：8–11+28.

[42] 鲁健骥．对外汉语教学的理念与教学法体系——从朦胧到清晰，从借鉴到探索 [J]. 国际汉语教学研究，2019（4）：41–51.

[43] 鲁健骥．对外汉语教学理论的发展回顾（1950—2000 年）（上）[J]. 国际汉语教学研究，2014（2）：76–83.

[44] 鲁健骥．对外汉语教学理论的发展回顾（1950—2000 年）（下）[J]. 国际汉语教学研究，2014（3）：78–85.

[45] 鲁健骥．关于对外汉语教学模式的对话 [J]. 华文教学与研究，2016（1）：11–17.

[46] 鲁健骥．谈对外汉语教学历史的研究 [J]. 语言文字应用，1998（4）：33–38.

[47] 鲁健骥．有感于"后方法时代"[J]. 国际汉语教学研究，2016（2）：12–15.

[48] 罗青松. 对外汉语写作教学研究述评 [J]. 语言教学与研究，2011（3）：29–36.

[49] 吕必松. 对外汉语教学的理论研究问题刍议 [J]. 语言文字应用，1992（1）：61–68.

[50] 吕必松. 对外汉语教学学科理论建设的现状和面临的问题 [J]. 语言文字应用，1999（4）：3–11.

[51] 吕必松. 汉语教学中技能训练的系统性问题 [J]. 语言文字应用，1997（3）：45–50.

[52] 吕必松. 汉语研究与汉语教学 [J]. 世界汉语教学，1991（4）：211–216.

[53] 吕必松. 再论对外汉语教学的性质和特点 [J]. 语言教学与研究，1991（2）：4–14.

[54] 吕晓娟，王嘉毅. 教育行动研究的历史发展与中国化历程 [J]. 当代教育与文化，2009（6）：43–49.

[55] 吕映. 大单元教学实现学习进阶的三个要点 [J]. 语文建设，2023（10）：15–20.

[56] 马改丽，姜永志. 自我决定理论的理论进展、测量评估及其在教育中的应用 [J]. 社会科学前沿，2018，7（12）：1955–1961.

[57] 马箭飞. 汉语教学的模式化研究初论 [J]. 语言教学与研究，2004（1）：17–22.

[58] 梅培军. 促进语文学习进阶的任务群设计——以三年级下册《慢性子裁缝和急性子顾客》为例 [J]. 语文建设，2023（16）：45–49.

[59] 欧群慧. 走向多元的教育研究方法——定性研究与定量研究的比较 [J]. 云南师范大学学报：教育科学版，2001，2（5）：28–31.

[60] 亓华. 中国对外汉语教学界文化研究20年述评 [J]. 北京师范大学学报（社会科学版），2003（6）：104–109.

[61] 亓文香. 语块理论在对外汉语教学中的应用 [J]. 语言教学与研究，2008

（4）：54–61.

[62] 祁芸，赵永发 . "教学评一体化"下同伴互评实证研究的热点与展望 [J].
甘肃开放大学学报，2024，34（1）：60–65.

[63] 钱梦龙 . 一条读写结合的"链索"——模仿、改写、借鉴、博采、评析 [J].
中华活页文选（教师版），2009（9）：6–8.

[64] 钱倚云 . 谈谈对外汉语教学的三个环节 [J]. 上海师范大学学报（哲学社会
科学版），1984（3）：150–151+22.

[65] 任远 . 对外汉语教学法研究的回顾与展望 [J]. 语言教学与研究，1994（2）：
90–103.

[66] 单荷，刘敏 . 输入和输出假设理论视域下大学英语听说教学的策略研究
[J]. 湖北师范大学学报（哲学社会科学版），2020，40（4）：119–123.

[67] 孙多翠 . 初级班留学生读写课教学实习心得 [J]. 现代交际，2011（7）：
200+199.

[68] 孙云梅，刘欢 . 任务重复对二语口语产出影响的元分析 [J]. 外语研究，
2023，40（1）：68–74+112.

[69] 陶健敏 . Kumaravadivelu "后方法"语言教育理论述评 [J]. 语言教学与研
究，2007（6）：58–62.

[70] 陶健敏 . "后方法时代"语言教学观与对外汉语教学法体系构建 [J]. 暨南
大学华文学院学报，2006（3）：17–23.

[71] 王利娜 . 自我效能感、学习动机与大学习者英语自主学习关系的实证研
究 [J]. 广西师范大学学报（哲学社会科学版），2014，50（3）：195–200.

[72] 王萍丽，李彦霖 . 语义协商的效用与话步构成——基于母语者和非母语
者自然语言互动的个案研究 [J]. 世界汉语教学，2015，29（3）：377–392.

[73] 王亚冰，黄运亭 . 自我效能感和二语成就关系的元分析 [J]. 外语界，2022
（3）：89–96.

[74] 韦茂斌，李林原 . 以导促写　以写促评　以评促改——导、写、评一体化

教学模式在高校写作课中的实践 [J]. 广西民族师范学院学报，2016，33（3）：82-85.

[75] 温雪，崔允漷 . 基于学历案的课堂互动研究——弗兰德斯互动分析系统的改进与应用 [J]. 教育发展研究，2016（15）：62-68.

[76] 文秋芳，王海妹，王建卿，等 . 我国英语专业与其他文科类大学习者思辨能力的对比研究 [J]. 外语教学与研究，2010（5）：350-355.

[77] 文秋芳，毕争 . 产出导向法与任务教学法的异同评述 [J]. 外语教学，2020，41（4）：41-46.

[78] 文秋芳 . "产出导向法"的中国特色 [J]. 现代外语，2017，40（3）：348-358+438.

[79] 文秋芳 . "产出导向法"与对外汉语教学 [J]. 世界汉语教学，2018，32（3）：387-400.

[80] 文秋芳 . 从英语国际教育到汉语国际教育：反思与建议 [J]. 世界汉语教学，2019，33（3）：291-299.

[81] 文秋芳 . 构建"产出导向法"理论体系 [J]. 外语教学与研究，2015，47（4）：547-558+640.

[82] 文秋芳 . 评析二语习得认知派与社会派 20 年的论战 [J]. 中国外语，2008（3）：13-20.

[83] 文秋芳 . 输出驱动假设在大学英语教学中的应用：思考与建议 [J]. 外语界，2013（6）：14-22.

[84] 文秋芳 . 新中国外语教学理论 70 年发展历程 [J]. 中国外语，2019，16（5）：14-22.

[85] 吴艳 . 任务型教学在中学英语课堂教学中的应用 [J]. 山东师范大学外国语学院学报（基础英语教育），2005（4）：58-60.

[86] 吴勇毅 . 再论任务型语言教学的"任务"[J]. 国际汉语教学研究，2016（1）：4-8.

[87] 武和平，张维民．后方法时代外语教学方法的重建 [J]. 课程·教材·教法，2011（6）：61–67.

[88] 谢薇娜．谈阅读与写作的交融性 [J]. 外语教学，1994，15（4）：50–52.

[89] 行玉华．"表达驱动"教学理论视域下"理解当代中国"国际中文系列教材应用实践体系的构建 [J]. 国际中文教育（中英文），2024，9（2）：24–31.

[90] 徐承伟．论对外汉语阅读与写作课程的教学一体化——对外汉语教学模式研究之一 [J]. 廊坊师范学院学报：社会科学版，2009，25（2）：98–101.

[91] 徐子亮．对外汉语教学理论研究的新思路——对外汉语教学认知规律的探索 [J]. 世界汉语教学，1998（2）：50–55.

[92] 杨薇，石高峰，钟英华．"表达驱动"教学理念与戏剧形式国际中文教学实践 [J]. 汉语学习，2022（3）：74–80.

[93] 俞聪妹．基于新课标的初中英语单元教学设计 [J]. 天津师范大学学报（基础教育版），2023，24（4）：19–23.

[94] 曾毅平．语体理论在对外汉语教学中的应用 [J]. 修辞学习，2009（5）：36–44.

[95] 翟艳．后方法时代的汉语语法教学方法分析 [J]. 华文教学与研究，2017（2）：52–61+95.

[96] 张德鑫．1993 年的对外汉语教学研究 [J]. 语文建设，1994（9）：28–32.

[97] 张德鑫．对外汉语教学五十年——世纪之交的回眸与思考 [J]. 语言文字应用，2000（1）：48–59.

[98] 张凤永，曹贤文．基于《国际中文教育中文水平等级标准》的差异化教学设计 [J]. 国际汉语教学研究，2023（3）：34–42.

[99] 张海．弗兰德斯互动分析系统的方法与特点 [J]. 当代教育与文化，2014，6（2）：68–73.

[100] 张虹，王蕾 . 课堂观摩在外语教师行动研究中的应用 [J]. 中小学外语教学，2014（5）：32-35.

[101] 张慧君 . 对外汉语教学中词汇教学技巧 [J]. 齐齐哈尔大学学报：哲学社会科学版，2002（3）：101-102.

[102] 张民选 . 对"行动研究"的研究 [J]. 华东师范大学学报：教育科学版，1992（1）：63-70.

[103] 张省林 . 英语写作心理障碍及其调适——过程写作法教学中的积极情感因素培养 [J]. 外语与外语教学，2005（5）：24-27.

[104] 张亚军 . 对外汉语教法学之研讨 [J]. 世界汉语教学，1987（1）：25-30.

[105] 张永芳 . 基于《国际中文教育中文水平等级标准》的逆向教学设计 [J]. 国际汉语教学研究，2023（3）：43-51.

[106] 张占一 . 汉语个别教学及其教材 [J]. 语言教学与研究，1984（3）：57-67.

[107] 张照贤，孙俊义 . 以全过程评价活动推动"教学评一体化" [J]. 中国教育学刊，2024（1）：107.

[108] 赵金铭 . 对外汉语教学法回视与再认识 [J]. 世界汉语教学，2010，24（2）：243-254.

[109] 郑海娟 . 明末耶稣会稀见文献《拜客问答》初探 [J]. 北京社会科学，2015（8）：62-72.

[110] 郑莹 . 内容依托式语言教育理念述评——兼评在国际中文教育中的应用 [J]. 汉字文化，2021（S2）：80-81+96.

[111] 钟英华，杨薇，田园 . 民族语海外教育的特色——汉语"突出实践性"教学模式 [J]. 民族教育研究，2008（3）：104-107.

[112] 钟英华，杨薇，张琳 . 泛在学习在汉语国际教育中的应用 [J]. 广西民族大学学报：哲学社会科学版，2015，37（3）：171-176.

[113] 钟英华，励智，丁兰舒 ."表达驱动"教学理念与国际中文教学资源建设 [J]. 天津师范大学学报（社会科学版），2022（6）：1-7.

[114] 钟英华，于泓珊，杨薇 . 国际中文教育"表达驱动"理论与实践 [J]. 世界汉学，2023，37（3）：388–398.

[115] 钟英华 . 第二语言习得内部言语技能特征系统与系统平衡 [J]. 中国语言论解总集，2015，36：333–370.

[116] 钟英华 . 从母语思维到汉语思维 [J]. 天津师范大学学报：社会科学版，1990（1）：73–74.

[117] 钟英华 . 语言习得内部技能系统与增效语言教学 [J]. 天津师范大学学报（社会科学版），2009，29（2）：60–64.

[118] 钟英华 . 掌握第二语言的路径："言语—语言—言语" [J]. 民族教育研究，2014（2）：127–132.

[119] 周祖谟 . 教非汉族学习者学习汉语的一些问题 [J]. 中国语文，1953（7）：25–28.

[120] 朱建军 . 阅读者的身份转换：阅读教学的起点与可能的终点 [J]. 中学语文：教学大参考（上旬），2010（5）：8–11.

[121] Aljaafreh A, Lantolf J P. Negative feedback as regulation and second language learning in the zone of proximal development[J]. The Modern Language Journal，1994，78（4）：465–483.

[122] Anderson, John R. Acquisition of cognitive skill[J]. Psychological Review，1982，89：369–406.

[123] Bracewell R J, Frederiksen C H, Frederiksen J D. Cognitive processes in composing and comprehending discourse[J]. Educational Psychologist，1982，17（3）：146–164.

[124] Brown H D. English language teaching in the "post–method" era：Toward better diagnosis, treatment, and assessment[J]. Methodology in Language Teaching：An Anthology of Current Practice，2002，5（11）：5–12.

[125] Brown J S, Collins A，Duguid P. Situated cognition and the culture of

learning[J]. Educational Researcher, 1989, 18（1）: 32–42.

[126] Chomsky N. A review of BF Skinner's Verbal Behavior[J]. The Language and Thought Series, 1980: 48–64.

[127] Coyle D. Content and language integrated learning: Towards a connected research agenda for CLIL pedagogies[J]. International Journal of Bilingual Education and Bilingualism, 2007, 10（5）: 543–562.

[128] Esmaeili H. Integrated reading and writing tasks and ESL students' reading and writing performance in an English language test[J]. Canadian Modern Language Review, 2002, 58（4）: 599–620.

[129] Eustache F, Viard A, Desgranges B. The MNESIS model: Memory systems and processes, identity and future thinking[J]. Neuropsychologia, 2016, 87: 96–109.

[130] Fitzgerald J, Shanahan T. Reading and writing relations and their development[J]. Educational Psychologist, 2000, 35（1）: 39–50.

[131] Flood J, Flood LS. Types of writings found in the early levels of basal reading programs: Preprimers through second grade readers[J]. Annals of Dyslexia, 1984.

[132] Howatt A P R. Language teaching traditions: 1884 revisited[J]. ELT Journal, 1984, 38（4）: 279–282.

[133] Izumi S. Output, input enhancement, and the noticing hypothesis: An experimental study on ESL relativization[J]. Studies in Second Language Acquisition, 2002, 24（4）: 541–577.

[134] Kohonen V. Experiential language learning: second language learning as cooperative learner education[J]. Collaborative Language Learning and Teaching, 1992.

[135] Kucer S B. The cognitive base of reading and writing[J]. The Dynamics of

Language Learning, 1987: 27–51.

[136] Kumaravadivelu B. Maximizing learning potential in the communicative classroom[J]. ELT Journal, 1993, 47（1）: 12–21.

[137] Kumaravadivelu B. The postmethod condition:（E）merging strategies for second/foreign language teaching[J]. TESOL Quarterly, 1994, 28（1）: 27–48.

[138] Kumaravadivelu B. Toward a postmethod pedagogy[J]. TESOL Quarterly, 2001, 35（4）: 537–560.

[139] Long M H. A role for instruction in second language acquisition: Task–based language teaching[J]. Modelling and Assessing Second Language Acquisition, 1985, 18（1）: 77–99.

[140] McLaughlin M W. Learning from experience: Lessons from policy implementation[J]. Educational Evaluation and Policy Analysis, 1987, 9（2）: 171–178.

[141] Pennycook A. The concept of method, interested knowledge, and the politics of language teaching[J]. TESOL Quarterly, 1989, 23（4）: 589–618.

[142] Prabhu N S. There is no best method—Why?[J]. TESOL Quarterly, 1990, 24（2）: 161–176.

[143] Robinson P. Aptitude, awareness, and the fundamental similarity of implicit and explicit second language learning[J]. Attention and Awareness in Foreign Language Learning, 1995, 9: 303–357.

[144] Schmidt R W. The role of consciousness in second language learning1[J]. Applied Linguistics, 1990, 11（2）: 129–158.

[145] Schmidt R. Awareness and second language acquisition[J]. Annual Review of Applied Linguistics, 1992, 13: 206–226.

[146] Schunk D H. Social–self interaction and achievement behavior[J]. Educational Psychologist, 1999, 34（4）: 219–227.

[147] Shanahan T, Lomax R G. A developmental comparison of three theoretical models of the reading-writing relationship[J]. Research in the Teaching of English, 1988, 22（2）: 196-212.

[148] Stotsky S. Research on reading/writing relationships: A synthesis and suggested directions[J]. Language Arts, 1983, 60（5）: 627-642.

[149] Swain M, Lapkin S. Problems in output and the cognitive processes they generate: A step towards second language learning[J]. Applied Linguistics, 1995, 16（3）: 371-391.

[150] Van Patten B. The two faces of SLA: Mental representation and skill[J]. International Journal of English Studies, 2010, 10（1）: 1-18.

[151] VanPatten B. Attending to form and content in the input: An experiment in consciousness[J]. Studies in Second Language Acquisition, 1990, 12（3）: 287-301.

二、专著

[1] 陈红，蔡朝辉，戴祝君 . 大学英语课程教学研究：演进与变革 [M]. 镇江：江苏大学出版社，2009.

[2] 丁有宽 . 丁有宽小学语文读写结合法 [M]. 济南：山东教育出版社，1999.

[3] 格兰特·威金斯，杰伊·麦克泰格 . 追求理解的教学设计（第二版）[M]. 上海：华东师范大学出版社，2017.

[4] 刘珣 . 对外汉语教育学引论 [M]. 北京：北京语言大学出版社，2000.

[5] 吕必松 . 汉语和汉语作为第二语言教学 [M]. 北京：北京大学出版社，2007.

[6] 祁寿华 . 西方写作理论，教学与实践 [M]. 上海：上海外语教育出版社，2000.

[7]   索绪尔 . 普通语言学教程 [M]. 北京：商务印书馆，1999.

[8]   田然 . 读写教学方法与技巧 [M]. 北京：北京语言大学出版社，2014.

[9]   吴伟克 . 体演文化教学法 [M]. 武汉：湖北教育出版社，2010.

[10]   张西平，等 . 西方人早期汉语学习史调查 [M]. 北京：中国大百科全书出版社，2003.

[11]   钟梫 . 对外汉语教学初探 [M]. 北京：北京语言大学出版社，2006.

[12]   朱志平，刘兰民 . 走近汉语：初级读写 [M]. 北京：北京师范大学出版社，2009.

[13]   Hirvela A. Connecting reading & writing in second language writing instruction[M]. University of Michigan Press，2004.

[14]   Richards J C，Rodgers T S. Approaches and methods in language teaching[M]. Cambridge University Press，2014.

[15]   Stern H H. Fundamental concepts of language teaching：Historical and interdisciplinary perspectives on applied linguistic research[M]. Oxford University Press，1983.

[16]   Vygotsky L S，Cole M. Mind in society：Development of higher psychological processes[M]. Harvard University Press，1978.

[17]   Gass B S M. Input，Interaction，and the Second Language Learner[M]. Lawrence Erlbaum Associates，1997.

三、论文集

[1]   岳维善 . 课堂新得——浅谈初级对外汉语提问式听说课教学法和闪现式读写课教学法 [C]."国际汉语教学理念与模式创新"国际学术研讨会 . 2010.

[2]   Long J.，Shelhamer E.，Darrel T.. Fully convolutional networks for semantic

segmentation[C]. Proceedings of the IEEE Conference on Computer Vision and Pattern Recognition. 2015.

四、学位论文

[1] 陈海燕. 自主性动机在变革型领导力和员工工作投入间的中介作用 [D]. 杭州：浙江大学，2024.

[2] 姜思佳. 基于"表达驱动"理论的巴拿马华裔儿童中级汉语综合课教学设计 [D]. 济南：山东财经大学，2024.

[3] 蒋蓉. 基于 CiteSpace 的对外汉语教学法研究 20 年文献计量分析 [D]. 南京：南京师范大学，2021.

[4] 金毅. 关于小学语文读写结合策略的研究 [D]. 上海：上海师范大学，2011.

[5] 宋艳艳. 中级汉语读写课课程设计研究 [D]. 沈阳：辽宁大学，2018.

[6] 陶健敏. 汉英语作为第二语言的教学法体系对比研究 [D]. 上海：华东师范大学，2007.

[7] 王志芳. 国际学校对外汉语读写一体化教学设计研究 [D]. 南京：南京师范大学，2014.

[8] 张靖雯. 基于弗兰德斯互动分析系统的初中区域地理课堂师生言语互动研究 [D]. 上海：上海师范大学，2020.

[9] 张琳. "表达驱动"教学理念下商务汉语教学应用研究 [D]. 沈阳：沈阳大学，2024.

[10] 张文娟. "产出导向法"应用于大学英语教学之行动研究 [D]. 北京：北京外国语大学，2017.

[11] 郑燕. 读写结合法在对外汉语高级写作教学中的具体应用 [D]. 北京：北京外国语大学，2015.

[12] 郑银芳 . 从建构主义角度看二语习得中输出的作用 [D]. 长沙：湖南师范大学，2005.

[13] 周倞 . 对外汉语语块研究 [D]. 上海：华东师范大学，2009.

[14] 朱建军 . 中学语文课程"读写结合"研究 [D]. 上海：华东师范大学，2010.

附　录

附录 A　教师访谈提纲

1. 您能谈一谈学校国际中文教育的发展历程吗？

2. 在发展历程中，有哪些事情让您印象深刻？

3. 您能为学校国际中文教育的发展划分一下阶段吗？每个阶段的特点是什么？

4. 在每个发展时期教学中的挑战有哪些？

5. 在每个发展时期教学中的创新有哪些？

6. 在每个发展时期有哪些成功的实践案例？

7. 您觉得学校国际中文教育发展的特色是什么？

8. 学校目前的国际中文教育事业发展如何？

9. 您希望今后学校的国际中文教育事业向什么方向发展？

10. 请您为学校国际中文教育事业的发展提一些建议。

附录 B　专业同行调查

1. 您认为本单元的教学设计目标是否清晰？每一课的教学能否达到相应的分项目标？

2. 您认为本单元的学习资料准备如何？对于达成教学目标是否有帮助？

3. 在课堂中，教师的教学环节设置，您觉得如何？有什么好的改进意见？

4. 您印象最深刻的教学环节是什么？为什么？

5. 您如何看待教师的教学方式和学习者的学习方式？

6. 您如何评价课堂中学习者的阅读和写作成果？质量如何？课堂教学应该如何改进？

7. 您如何看待这种教学方法的特点、优点和缺点？

8. 课堂教学的氛围如何？您觉得哪个教学环节让学习者更有实际收获？

9. 请为"表达驱动"教学理论应用于国际中文读写教学提出宝贵的意见。

10. 您会在自己的课堂中使用"表达驱动"教学理论进行课堂教学的设计吗？

附录 C　学习效果

同学们，非常幸运能够陪伴你们一起走过一个单元的学习历程。作为老师，我期待能了解你们在这一单元的收获和体会，从而进一步改进老师的教学方式。本次访谈只用于研究，不会影响你们的学习成绩。期待你们的真实想法，请放心填写。衷心感谢！

1. 学习本单元后，你的感受如何？

2. 在本单元的教学中，你感觉老师的教学方法怎么样？

3. 在单元学习过程中，你感到困难的学习环节是哪个？

4. 在单元学习过程中，你最喜欢的学习环节是什么？

5. 学习完本单元，你对老师有什么教学建议？

附录 D　学习日志指南

在本单元的读写学习过程中，请将你们的收获和学习过程中的思考记录下来。按照以下内容要点进行记录，以学习日志的形式提交，便于后续改进和完善课堂教学。希望你们如实书写，感谢你们的支持与帮助。

1. 通过本堂课你主要学到了什么？最大的收获是什么？

2. 你在本堂课遇到的挑战或难题是什么？

3. 哪个教学环节或片段，让你印象深刻？

4. 课堂教学环节有哪些可以改进的地方？

附录 E　学习者访谈指南

1. 请对自己的语言能力进行评价。

2. 你如何评价本节课、本单元或本学期的汉语读写学习情况？

3. 在教学中，哪些环节对你特别有帮助？哪些部分你觉得多余或缺失？你是否完成了本单元的所有学习任务？是否觉得占用了太多时间？对自己的作品满意吗？

4. 你现在对于汉语的阅读和写作学习的认识有什么变化吗？